Stichwort

Sinti und Roma

Peter Köpf

Originalausgabe

WILHELM HEYNE VERLAG
MÜNCHEN

HEYNE SACHBUCH
Nr. 19/4040

REDAKTION:
Susanne Vieser

FACHLEKTORAT:
Yaron Matras

GRAFIKEN:
Design-Studio Fleischer

KONZEPTION UND REALISATION:
Christine Proske
(Ariadne Buchproduktion)

Inhalt

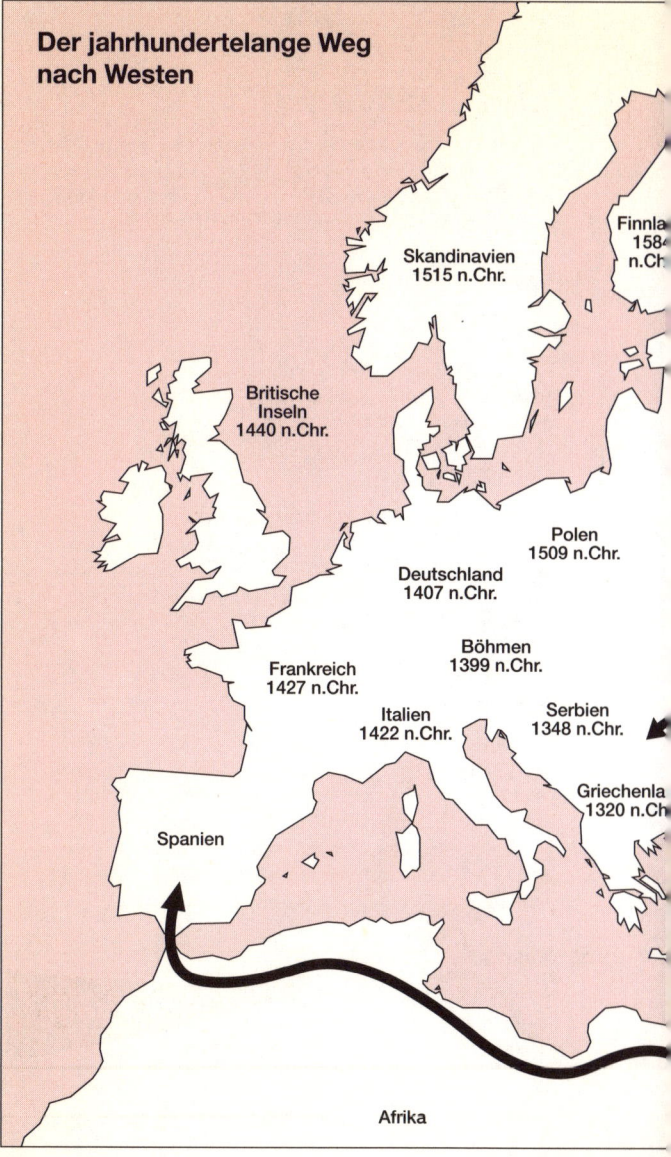

Der jahrhundertelange Weg
nach Westen

Finnla
158
n.Ch

Skandinavien
1515 n.Chr.

Britische
Inseln
1440 n.Chr.

Polen
1509 n.Chr.

Deutschland
1407 n.Chr.

Böhmen
1399 n.Chr.

Frankreich
1427 n.Chr.

Serbien
1348 n.Chr.

Italien
1422 n.Chr.

Griechenla
1320 n.Ch

Spanien

Afrika

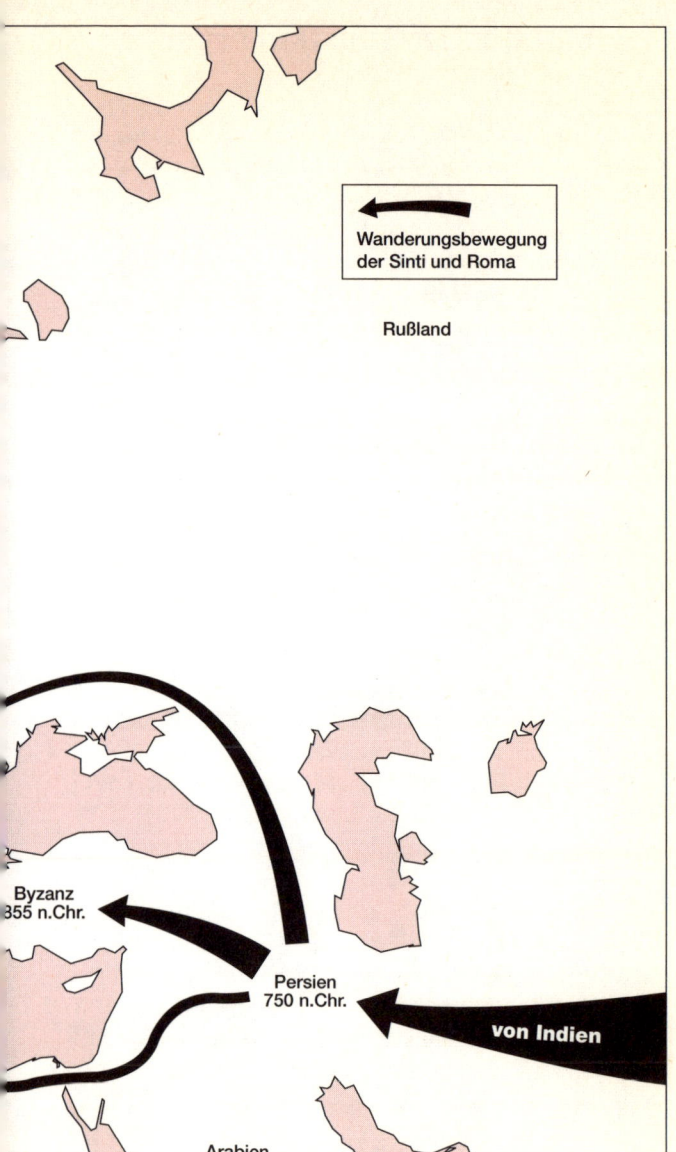

Wanderungsbewegung
der Sinti und Roma

Rußland

Byzanz
855 n.Chr.

Persien
750 n.Chr.

von Indien

Arabien

I. Kultur der Sinti und Roma

Sinti und Roma sind ein Volk ohne Staat, aber mit eigener Sprache, Geschichte und Kultur. Ihre Lage ist vergleichbar mit der Diaspora der Juden: *Roma* und *Sinti* leben fern von ihrer indischen Urheimat, verstreut auf allen Kontinenten. Etwa 80.000 Mitglieder der beiden Volksgruppen halten sich in der Bundesrepublik auf, mehr als zehn Millionen in Europa. Vor 600 Jahren flohen die ersten aus der südosteuropäischen Sklaverei nach Westeuropa. Die

Rom, Romni, Roma

Rom heißt Mensch, Mann. Außerhalb des deutschsprachigen Raumes ist Roma der Sammelbegriff für alle »Zigeuner«, auch der Sinti. Im deutschen Sprachgebrauch wird der Begriff verwendet für alle, die erst in der zweiten Hälfte des 19. und im 20. Jahrhundert aus Südost- nach Mitteleuropa kamen. Die Roma unterscheiden mehrere Untergruppen. Sie entstanden, weil »Zigeuner« als Sklaven auf dem Balkan nur innerhalb ihrer Berufsgruppe heiraten durften. So bildeten sich Familienverbände und ganze Stämme mit Angehörigen derselben Berufsgruppe. Die »Kelderascha« bezogen ihren Namen vom rumänischen »Kessel«, waren also Kesselschmiede. Die »Tschurari« arbeiteten als Messerschleifer (vom Roma-Wort »tschuri« = Messer), der Name der »Lovara« fußt auf dem ungarischen Wort »lov« (Pferdeführer) und der der »Ursari« (Bärenführer) auf dem Wort »urs« für Bär. 1940 lebten knapp 2.000 Roma in Deutschland, heute nimmt die Zahl durch die Zuwanderung aus Südosteuropa zu. Die Verbände schätzen die Population auf mehrere 10.000.

Sinto, Sintiza, Sinti (auch Cinti)

Die Sinti sind die älteste in Deutschland nachweisbare »Zigeunergruppe«, sie wanderten im 15. Jahrhundert ein. Traditionell waren sie Musiker, Geigenbauer oder auch Händler. Der Name leitet sich vermutlich von dem der indischen Provinz Sind oder dem Fluß Sindhu (= Indus) ab. Das Wort Sinti wird nur im deutschsprachigen Raum verwendet. Auf Vorschlag der Bürgerrechtsbewegung der Sinti und Roma werden »Zigeuner« heute allgemein als Sinti und Roma bezeichnet. Die beiden Begriffe dienen jedoch zur Unterscheidung der vor 600 Jahren eingewanderten Sinti von den später eingereisten Roma aus Südosteuropa. Auch die Sinti bezeichnen sich häufig als »Rom«, ihre Sprache ist wie die der Roma das Romanes. 1939 lebten 13.000 Sinti in Deutschland. Heute sind es etwa 50.000. Die französischen Sinti nennen sich Manusch (manouches).

50.000 deutschen Sinti sind die Nachfahren dieser Flüchtlinge. Mitte des 19. Jahrhunderts folgte eine zweite Wanderungswelle, wiederum aus dem Gebiet des heutigen Rumänien, nachdem dort die Sklaverei per Gesetz aufgehoben worden war.

1. Familie

Die Familie war immer das Zentrum der Sinti und Roma. Eine Sinti-Familie lebt möglichst nah beieinander, am besten im gleichen Häuserblock. Hier spricht man die eigene Sprache, das Romanes. Hier wird man nicht mit dem Namen angesprochen, der im Paß steht. Hier gelten strenge Regeln und strenge Sitten. Wer dagegen verstößt, kann sogar aus der Sippe ausgeschlossen werden. Eine schlimmere Strafe gibt es kaum. Mord und Sexualdelikte unterliegen beispielsweise solchen Tabus. Wer sie bricht, verliert seine Ehre. Er wird »palitsidu«, wie es in der Sinti-Sprache heißt, also zurückversetzt.

Über das Familienleben der Sinti während des Dreißig-jährigen Kriegs (1618–1648) und wohl auch schon früherer Zeiten berichten, wenn auch nicht frei von Vorurteilen, die Romane des Hans Jakob Christophel von Grimmelshausen (1621–1676). Die Sippe einer seiner Hauptpersonen, der »Ertzbetrügerin und Landstörtzerin Courasche«, beschreibt er als »sonst unordentliches Gesindel«, bei dem aber zu seiner Überraschung »alles wol bestellt war, ja ordentlicher zugieng als in mancher Haushaltung«. Sie leben, so Grimmelshausen, von Diebstahl, Wahrsagerei und Wilderei. Den Tag verbringen sie mit »Essen, Trinken, Schlafen, Tanzen, herum Ramlen, Taback sauffen, Singen, Ringen, Fechten und Springen, der Weiber größte Arbeit war Kochen und Feuern«. Sie lagern in dichten Wäldern, ihre Wanderung erscheint als dauernde gehetzte Flucht. Bei Gefahr trennte sich die Sippe in mehrere Gruppen und traf sich später wieder an einem abgesprochenen Ort.

In einer feindlichen Welt erwies sich der Zusammenhalt der Familie schon damals als überlebenswichtig. Er hat sich bis heute erhalten und ist der Stolz von Roma und Sinti. Romani Rose, Vorsitzender des Zentralrats Deutscher Sinti und Roma, macht den Unterschied zur Familienkultur der Industriegesellschaft deutlich: »Der Industriegesellschaft ist einiges verlorengegangen, was sich unser Volk bis heute bewahrt hat: Wir besitzen noch ein intaktes Familienleben, Zeit für Gespräche in der Familie, unsere Alten werden noch nicht in Altersheime abgeschoben, unsere Kinder brauchen nicht auf Nestwärme und Liebe zu verzichten. Auch ist unser Volk keine Leistungsgesellschaft und nicht bestrebt, seinen Lebensstandard immer weiter zu steigern. Unser Streben ist lediglich auf den notwendigen Lebens-unterhalt hin orientiert.« Heute scheint der enge Zusammenhalt der Familien allerdings zu zerbrechen. Die Kinder gehen oft eigene Wege. Vor allem Mädchen rebellieren gegen die strengen Traditionen. Sie wollen inzwischen ohne die Aufsicht von Familienangehörigen ausgehen, ihren Bräutigam nicht von den Familien aushandeln lassen, sondern selbst wählen. Ehen mit Gadschos, Nicht-»Zigeunern«, sind inzwischen keine Ausnahme mehr. Trotzdem heiraten noch viele Frauen unter 20 Jahren, gilt Unberührbarkeit als Tugend und Pflicht junger Frauen. Und auch der Brautpreis als Ausgleich für die verlorene Arbeitskraft ist heute manchmal noch üblich.

Das Oberhaupt der Familie ist der Mann. Die Frau ist ihm untergeordnet, ebenso ihrem Vater, ihren Brüdern und zudem der Schwiegermutter. Die Frau bestritt früher aber einen großen Teil des Familieneinkommens. Sie hatte in der Familie traditionell außerdem auf die Ersparnisse zu achten. In der Regel werden diese in Goldschmuck angelegt, weil das die dauerhafteste Währung war und ist, insbesondere bei Familien, die wandern. Möglicherweise hat dies das Bild von den »reichen Zigeunern« geprägt – und den Neid auf diesen Reichtum geweckt.

Kinder und Alte sind unter Sinti und Roma hoch geschätzt. Wer ein Kind mißbraucht und mißhandelt, wird verstoßen. Für Altersheime gibt es im Romanes kein Wort. Legendär wurde ihre Kinderliebe. Ein schwäbischer Beamter schrieb im 17. Jahrhundert:

»Ihre Liebe gegen ihre Kinder ist graenzenlos. Sie herzen sie mit einer Innigkeit, die ihres gleichen nicht hat. Kein Anblick kann ruehrender seyn, als Muetter von ihren Kleinen nothgedrungen sich trennen, und nach einer laengeren oder kuerzeren Trennung mit ihnen wieder zusammenkommen zu sehen. Ungestueme Umarmungen und Kuesse, lautes Jammern und tiefster Ausdruck der Wehmuth in allen Mienen und Bewegungen im ersten – lautes Frohloken und Zuege der Freude in allen Gebaerdungen im anderen Fall – vereinigen sich, dergleichen Auftritte zu den einzigen in

11

ihrer Art zu machen. Keine Aufopferung ist so groß, zu der sich Zigeunerinnen nicht ihren Kindern zu lieb entschloessen. Man hat gesehen, daß sie, in den traurigsten Umstaenden einer lebenslaenglichen Gefangenschaft, wo ihnen jeder Kreuzer für eigene Beduerfnisse hoechst wichtig seyn mußte, ihre aufs kuemmerlichste ersparte kleine Barschaft ihren Kindern, wenn sie an gleichem Orte sich befanden und gar keine Unterstuetzung noethig hatten, zuschoben; und daß sie denenjenigen, welche diesen ihren Lieben Wohlthaten erwiesen, mit einem bis zu Thraenen geruehrten Herzen dafuer dankten.« Umgekehrt berichtet die Schwäbische Chronik 1788, daß eine junge Frau darauf bestand, die Strafe für ihre Mutter – »Staupenschläge« – zu übernehmen.

Bekommt eine rumänische Romani ein Kind mit heller Haut, so gilt dies als Glückssymbol. Dabei hatten Familien mit hellhäutigen Kindern in der Vergangenheit meist mit Verfolgung zu rechnen. Ihnen wurde der Vorwurf gemacht, diese Kinder geraubt zu haben. Daß umgekehrt allerdings den Roma oft die Kinder genommen wurden, um sie in die Mehrheitsgesellschaft zu integrieren, wird heute verschwiegen. Aber es verstärkte wiederum das Bild kinderraubender Zigeuner, wenn sich die Mütter ihre Kinder wieder zurückholen wollten.

Kinderreichtum gilt unter Sinti und Roma als Inbegriff von Glück und erhöht das Ansehen, Kinderlosigkeit bedeutet Unglück und Schande. Unter diesem Gesichtspunkt wiegen die Zwangssterilisationen, die man im Dritten Reich an Sinti und Roma vornahm, noch schwerer. Nicht nur von den Nationalsozialisten wurden Roma- und Sintifamilien ihrer vielen Kinder wegen als »asozial« diffamiert.

Söhnen und Töchtern wurde innerhalb der Familie das Leben gelehrt. Eine Schule existierte in der Tradition der Roma nicht. Frauen unterrichteten die Mädchen, Männer die Jungen. Für Ratsuchende standen die Alten immer zur

Verfügung. In der modernen Welt allerdings reicht das tradierte Familienwissen nicht mehr aus. Heute gehen die Kinder der deutschen Sinti genauso zur Schule wie andere Kinder.

Ein Problem bildete dort zunächst die Sprache, das Romanes. Sie wurde zu Hause gesprochen, in der Schule aber nicht gelehrt. In Norwegen gründete man deshalb Schulen, in denen Romanes unterrichtet wird und Norwegisch erste Fremdsprache ist. Roma sind dort zudem an der Schulung der Kinder beteiligt. Der Respekt vor den Alten geht einher mit dem Respekt vor einem menschenwürdigen Sterben. Für nomadisierende Roma galt immer: Liegt ein Familienmitglied im Sterben, darf der Standplatz nicht gewechselt werden. Das führte oft zu Auseinandersetzungen mit der Polizei, wenn etwa die Familie vertrieben werden sollte.

2. Stamm

Der ursprüngliche Begriff für alle »Zigeuner« ist Roma. In der Bundesrepublik hat sich die Bezeichnung Sinti und Roma durchgesetzt. Sinti leben seit 600 Jahren in der Bundesrepublik, Roma wanderten in den letzten 50 bis 130 Jahren vom Balkan ein. Unter den Roma haben sich in dieser Zeit verschiedene *Stämme* gebildet.

Stamm

Alle miteinander verwandten Roma und Sinti bilden einen Stamm. Er ist vergleichbar mit dem Stammbaum alten Adels und untergliedert sich in kleinere Untergruppen. Deren Mitglieder sind durch gemeinsame Arbeit, Wohnung oder Religion verbunden. Die »Kelderascha« etwa waren der Stamm der Kesselschmiede.

3. Sprache

Der Brite G. Borrow beklagt 1841 in einem Buch über spanische »Gypsies« das Kauderwelsch: »Wenn ich auf den Marktplatz gehe, stehen da die verdammten Zigeuner in einer Ecke und plappern in einer Sprache, die ich nicht verstehen kann.«

Andere hielten die Sprache der Roma in der Vergangenheit oft für eine Geheimsprache, was die Verdächtigungen verstärkte, sie seien türkische Spione. Das *Romanes* ist aber eine indogermanische Sprache, deren Wurzeln im Sanskrit liegen. Mit dieser Entdeckung konnte auch die Herkunft der Roma bestimmt werden. Das Wort Roma, Selbstbezeichnung der meisten ost- und südosteuropäischen Volksgruppen (Ethnien), geht vermutlich auf das altindische Wort »Dom« zurück, eine Bezeichnung für niedrige Kasten, die ihr Brot durch Handwerk, Musizieren und Singen erwarben. Während ihrer Wanderungsbewegung Richtung Westen haben die »Urzigeuner« Sprachelemente aus den jeweiligen Gastländern aufgenommen. Deshalb verstehen sich Sinti und Roma aus unterschiedlichen Ländern gelegentlich nur schwer, so wie das auch unter Rheinländern und Schwaben oder zwischen Bayern und Friesen oft der Fall ist.

Schon 1542 veröffentlichte ein Engländer erste Proben

Romanes

Das Romanes ist die gemeinsame Sprache der Sinti und Roma. Es hat seinen Kern im Sanskrit. Im Laufe der Jahrhunderte haben sich verschiedene Dialekte entwickelt, weil die Sinti und Roma Wörter anderer Landessprachen in ihr Romanes integrierten. Aus diesem Grund fällt es auch Sinti und Roma aus verschiedenen Ländern schwer, sich beim Gespräch zu verstehen.

---

der »Geheimsprache«, im ganzen 13 kurze Sätze. Das erste brauchbare Romanes-Wörterbuch gab 1755 ein bisher unbekannter Autor heraus. Noch immer meinen Wissenschaftler, daß Analphabetismus zum Wesen der Sinti und Roma gehöre. »Man kann sagen, daß der bewußte Verzicht auf das Schriftliche ein Teil der positiven Identität für viele Zigeuner ist«, schrieb etwa 1981 Georgia Rakelmann. Sinti klingt das wie Hohn, verboten doch die Nazis ihren Kindern den Schulbesuch und das Erlernen von Lesen und Schreiben. Im 20. Jahrhundert begannen Sinti und Roma, ihre Sprache zu verteidigen und neu zu entdecken. Die Romani-Sprachbewegung entstand in der Sowjetunion, wo sich nach 1917 eine eigene Literaturszene entwickelte. In Leningrad und Moskau organisierten sich Roma-Schriftsteller und -Dramatiker. Sie gaben Zeitungen und Zeitschriften heraus, verbreiteten über Radio Moskau die erste Rundfunksendung in Romanes, sammelten Lieder, Geschichten und Legenden, gründeten ein »Zigeunertheater«, übersetzten Victor Hugo oder Federico Garcia Lorca. Es entstanden Filme über das Leben der Roma. Der Zweite Weltkrieg machte diesen Bemühungen ein Ende. Seit dem Zusammenbruch des Sozialismus in Osteuropa nimmt die literarische Aktivität wieder zu. In Ungarn, Bulgarien, der Tschechischen Republik und der Slowakei erschienen Schulbücher für Roma-Kinder in Romanes. Neue Zeitschriften entstanden. Eine Kommission von Experten erarbeitet gerade eine einheitliche Schreibweise. Viele Länder erkennen inzwischen Romanes als Minderheitensprache an.

4. Religion

Sinti und Roma passen sich meist den religiösen Gegebenheiten des Landes an, in dem sie leben. Sie möchten damit auch einen Grund oder Vorwand für Verfolgung ausschalten. Die überwiegende Mehrheit aller Sinti und

Roma in der Bundesrepublik ist dementsprechend katholisch. Und so mag es nicht überraschen, daß der Papst eine Delegation des Zentralrats empfing und dieser seine »moralische Unterstützung für ihre Bemühungen versicherte, den von ihnen vertretenen Menschen ihre kulturelle Eigenart zu erhalten«. Auch die Evangelische Kirche Deutschlands richtete im Jahr 1981 einen Arbeitskreis »Sinti und Roma« ein. Vor allem in Niedersachsen leben auch einige evangelische Sinti und Roma. Seit ihrer Ankunft in Deutschland galten die Sinti als Christen. Der Aufklärer Christian Thomasius (1655–1728) berichtet von einer Grabinschrift, die das belegt: »Als man zaehlt nach Christus unsers Seligmachers Geburth 1445, auff St. Sebastians-Abend ist gestorben der Hochgeborene Herr, Herr Panuel, Herzog in Klein Egypten und Herr zum Hirschborn desselben Landes.«

Im ehemaligen Jugoslawien gehören die Roma meist ebenfalls zur Konfession der Mehrheitsbevölkerung: Im Kosovo verstehen sich die meisten als Muslime, in Serbien glauben sie orthodox, in der Vojvodina gibt es Katholiken. Sie sitzen im Bürgerkrieg, der auch ein Religionskrieg ist, zwischen allen Stühlen. Unter den Bürgerkriegsflüchtlingen, die in die Bundesrepublik kommen, befinden sich auch Roma.

Daß Sinti und Roma, Angehörige eines Volkes, verschiedenen Kirchen angehören, hat zur Meinung beigetragen, Sinti und Roma seien Ungläubige. Ein Märchen verrät, was beispielsweise Rumänen vom Glauben der »Zigeuner« halten: Es erzählt, wie Roma eine Kirche aus Stein bauen, die Rumänen eine aus Speck und Schinken. Als beide fertig sind, feilschen die Roma um einen Tausch. Die Rumänen willigen schließlich ein. Sofort essen die Roma diese Kirche auf. In Deutschland hielten sich hartnäckig Berichte, Roma-Frauen ließen ihre Kinder mehrfach taufen, um von den Gadschos, den Nicht-Roma, wiederholt Patengeschenke zu erhalten.

16

5. Berufe

Die ursprünglichen Berufe der Sinti und Roma müssen in der Musik und im Handwerk gelegen haben. Genaue Informationen über ihren Status in ihrer Herkunftsregion in Indien sind nicht überliefert. Berichtet wird immer wieder die Geschichte des persischen Königs Bahram Gur (420–438 n. Chr.), der den indischen König gebeten hatte, ihm 10.000 Luri, Frauen und Männer, zu schicken, die Harfe spielen können. Er wollte damit den Armen des Landes eine Freude machen. Sicher ist, daß die ersten in Europa angekommenen Sinti durch ihre außergewöhnlichen Fähigkeiten als Schmiede aufgefallen sind. Auch in der Korbflechterei und Schmuckherstellung erwiesen sich die Zuwanderer als sehr geschickt. Weil sie die eingesessenen Handwerker aber verdrängten, setzten die Zünfte Arbeitsbeschränkungen gegen die Sinti durch. Begleitet wurden diese Maßnahmen durch die ersten Verfolgungen und Vertreibungen.

Daraus resultierte in der Folgezeit das Nomadentum der »Zigeuner«, verbunden mit Gelegenheitsarbeiten und Hausiererei. Gleichzeitig kam damit auch die vielzitierte Meinung vom »arbeitsscheuen Zigeuner« auf. Ihre Musik, mit der sie noch immer Feste bereicherten, wurde nämlich nicht als ernsthafte Arbeit anerkannt. Beim Pferdehandel feilschten und betrogen Sinti sicherlich genauso wie andere Händler. Dem Fremden gegenüber entstand dadurch allerdings das Vorurteil: »Zigeuner sind Betrüger und wollen nicht arbeiten.«

Eine erste Untersuchung der Berufe von Sinti und Roma aus Theresianischer Zeit ergab, daß diese keinesfalls die Arbeit scheuten – wenn man ihnen Aufgaben übertrug: Denn von mehr als 10.000 seßhaften Roma hatten damals nur 131 keinen »ordentlichen« Beruf. Unter den Wanderberufen waren in der Nazizeit, unmittelbar vor dem Holocaust, folgende Gruppen stark vertreten:

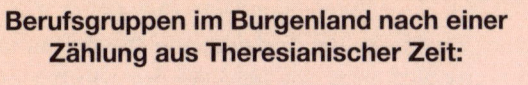

**Berufsgruppen im Burgenland nach einer
Zählung aus Theresianischer Zeit:**

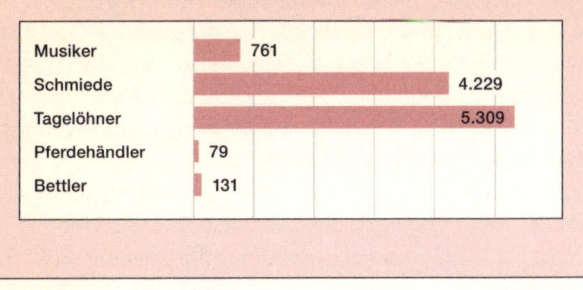

Musiker	761
Schmiede	4.229
Tagelöhner	5.309
Pferdehändler	79
Bettler	131

Musiker, Scherenschleifer, Schirmmacher, Viehschneider, Spengler, Korbflechter, Hausierer und Marktfahrer.

Tagelöhner und Hilfsarbeiter wurden von ihren Frauen unterstützt, etwa durch den Verkauf von gesammelten Beeren und Pilzen, im Winter von Reisig. Weil das Geld trotzdem nicht reichte, kam es in dieser Zeit auch zu Erntediebstählen. Im Bezirk Oberwart (Burgenland) soll das zu Schäden bis zu 50.000 Schilling geführt haben, behauptet ein Bericht aus der Zeit des Nationalsozialismus.

Nach 1945, als die Überlebenden Sinti und Roma aus den Konzentrationslagern zurückkehrten, mußten viele von ihnen feststellen, daß sie von denen, die sie als Diebe bezichtigt hatten, selbst beraubt worden waren: Ihre Häuser hatte man Stein für Stein, Ziegel für Ziegel abgetragen, neue Gebäude auf den ehemaligen Standort der Siedlung gebaut. Viele Sinti versuchten nach dem Krieg, in den traditionellen Berufen wieder Fuß zu fassen. Aber Scherenschleifer, Schrott- und Pferdehändler hatten keine Zukunft mehr. Selbst Musiker verloren ihr Auskommen: Radio und Musikboxen ersetzten die traditionellen Kapellen. Mit dem Aussterben dieser Berufe wurde der Gang zur Fürsorge für viele Sinti zum letzten Ausweg.

Heute gehen die deutschen Sinti und Roma Berufen nach, in denen auch der Rest der Bevölkerung arbeitet. Bis auf wenige Ausnahmen sind sie inzwischen seßhaft geworden. Allerdings erfordern viele ihrer Berufe nach wie vor das Reisen. Als Kaufleute fahren sie genauso durchs Land wie Nicht-Roma, die Klopfstaubsauger an der Haustür verkaufen. Antiquitätenhändler suchen nach alten Bauernmöbeln auf dem Land. Und noch immer sind Roma als Musiker oder im Zirkus beschäftigt, wo auch Angehörige anderer Volksgruppen von Auftritt zu Auftritt ziehen. Einen festen Wohnsitz aber haben sie alle. »Die weitesten ›Reisen‹, die viele ältere deutsche Sinti und Roma machten, waren vor 50 Jahren die Deportationen in die Konzentrationslager des Ostens«, meint Romani Rose, Vorsitzender des Zentralrats Deutscher Sinti und Roma.

Unter den Gastarbeitern aus der Türkei und Griechenland – darauf verweist Tilman Zülch von der Gesellschaft für bedrohte Völker – befinden sich auch Minderheitengruppen dieser Länder, unter anderen auch Roma. Sie stehen am Fließband oder räumen im Restaurant die Teller weg. Sie haben feste Wohnungen und widerlegen das Vorurteil, »Zigeuner« könnten nicht hart arbeiten.

Um die traditionellen Berufe nicht ganz zu verlieren, fördert das Kulturzentrum deutscher Sinti und Roma in regionalen Projekten die Weiterbildung von Künstlern – dazu gehören Instrumentenbauer, Kunstmaler, Steinbildhauer, Holzschnitzer oder Restauratoren.

6. Musik

Musik spielt im Leben der Sinti und Roma noch immer eine große Rolle. Verglichen mit den Beschränkungen in der Wahl des Berufes können sie hier ihre Talente frei und ungehindert entwickeln. Herz, Seele, Liebe und das Leben – daraus stammen die Motive für die Romani-Musik.

Eine Liedprobe: »Du bist gegangen, hast mich verlassen, Du bist nicht da, ich bin verloren und hier ganz allein ohne Dich.« Einfache Texte, auch schwermütige, besingen – ähnlich dem Blues der Schwarzen – Gemütszustände, Ängste, Sehnsüchte und Träume.

Der »Zigeunerforscher« Wolf in der Maur glaubt nicht an eine eigene Musikkultur der Roma, die »eigenwillige, kunstfertige, mit allen Talenten und Raffinessen versehene Interpreten« seien. Andere meinten wiederum, die Romani-Musik wurzele in der ungarischen. Franz Liszt sah das 1861 anders: Er betrachtete die »Zigeuner« als die wahren Urheber der ungarischen Volksmusik. In Ungarn leben noch immer 10.000 Roma-Musiker von ihrer Kunst.

Die Wahrheit über den Ursprung der Musik liegt wahrscheinlich in der Mitte. Sinti und Roma eigneten sich immer die Lieder ihrer Gastländer an, trugen sie aber auf ihre ihnen eigene Art vor. Zum Repertoire gehören neben den langsamen Weisen, der türkischen langen Melodie (uzan hava), auch Tanzlieder und -melodien. Bei Festen spielen Gesang (giben), Tanz (khelepen) und Instrumentalspiel (bascheben) eine zentrale Rolle. Ursprünglich gehörten zu einer »Zigeunerkapelle« drei bis acht Musiker. Mit dem manouche-Gitarristen Django Reinhardt (1910 – 1953) und seinem »Hot Club de France« erhielt die Jazz-Formation der Nachkriegszeit drei Gitarren, eine Violine und einen Kontrabaß.

Schon kleine Kinder lernen in den Familien, mit Geige oder Gitarre umzugehen. Sie beherrschen die »Zigeunertonleiter« (c – d – es – fis – g – as – h – c) oft, bevor sie lesen und schreiben können. Django Reinhardt erwarb sich auf diese Art sein Können. Unzählige Jazz-Formationen leben von der Kunst der Sinti und Roma, etwa das »Häns'sche Weiss Quintett«. Das »Duo Z« mit Rudko Kawczynski, der heute in der Hamburger Rom & Cinti Union Verbandsarbeit leistet, macht Musik mit engagierten Texten. Schon im Ufa-Tonfilm »Melodie des Herzens« mit Willy Fritsch und Dita Pavlo spielte die »Kapelle Balogh Jansci« mit. Und in den Diskotheken Europas hört man heute überall die »Gypsy Kings«.

7. Internationales Familientreffen

Im südfranzösischen Saintes Maries de la Mer treffen sich jährlich im Mai Sinti und Roma zur Wallfahrt. Mit einer Prozession wird die Schutzpatronin der europäischen Sinti und Roma geehrt. Die Tradition entstand aus einer Legende: Im Jahr 41 nach Christi Geburt flohen Maria Magdalena, Maria Jacobäa und Maria Solomäa per Schiff aus Palästina. Mit dabei war ihre ägyptische Dienerin, die Schwarze Sara. Als die Verfolger nahe waren, verließen sie das Schiff und gingen an der Stelle an Land, die heute Wallfahrtsort ist. Man sagt, Sinti hätten damals die Frauen versteckt und ihnen so das Leben gerettet.

In der Wallfahrtskirche stehen Skulpturen der Schwarzen Sara und der Marien. Frauen stecken ihnen Ringe an und behängen sie mit ihren Ketten. Der Pfarrer verteilt die Geschenke später an notleidende Sinti.

8. Kleidung

Deutsche Sinti und Roma sind heute nicht mehr durch die Kleidung von anderen Deutschen zu unterscheiden. Büroangestellte und Kaufleute tragen keine Tracht, ebenso wer Verfolgung befürchtet. Die Anpassung hat sich auch in der Kleiderfrage vollzogen. Nur wenn sie unter sich sind, zu Festen wie Hochzeiten, zeigen Sinti und Roma ihre traditionellen Kostüme.

Die Wochenzeitung »Die Zeit« war dabei, als sich Ion Cioba, der »Große Bulibascha«, 1992 zum »König der Roma und Kesselflicker innerhalb und außerhalb Rumäniens« krönen ließ, und beschrieb die Zeremonie: »Die

Frauen haben sich im besten Zigeunerstaat herausgeputzt: schwarze Plastikpumps, hellblaue und rosafarbene, von silbrigen Fäden durchzogene Lurexstrümpfe, bunte Faltenröcke, türkische Blusen, Goldmünzen an Ketten um den Hals und in den Ohrläppchen, die Haare zu Zöpfen geflochten, die Ohrmuscheln frei. Immer ein paar respektvolle Schritte hinter ihren Männern, ziehen sie zwischen Reliquienschrein und Rockmusikbühne an den fliegenden Händlern vorbei.«

Weite Röcke und Schleier, wie sie Roma-Flüchtlinge aus Rumänien heute noch in den Straßen tragen, verraten dagegen mehr über die Geschichte. Schleier und Tücher weisen auf die indische Herkunft der Sinti und Roma hin. Sie gehören deshalb noch heute zum traditionellen Kleid vieler Romani.

Grimmelshausen, der 1668 Taufpate zweier Zigeunerkinder gewesen sein soll, beschreibt das Aussehen einer Zigeunerin in seinem Roman »Der seltsame Springinsfeld« folgendermaßen:

»Sie hatte nicht so gar / wie die andere / ein bechschwarzes Haar / sonder etwas falb / und dasselbe mit einer Schnur von Gold und Edelsteinen wie mit einer Cron zusammen gefasst / an dessen Statt andere Zigeunerin nur einen schlechten Bendel: oder wanns wohl abgehet einen Flor oder Schleyer: oder wol gar nur eine Weide zu brauchen pflegen / in den Ohren trug sie ein par Gehenck von Gold und geschmeltzter Arbeit mit Diamanten besetzt: / ihre Serge war von keinem groben Teppich sondern von Scharlach und durchaus mit grünem Plisch-Samet gefüttert / Nebenher aber wie ihr Rock / der von kostbarem grünem Englischen Tuch war / mit Silbernen Pasamenten verpremt; / sie hatte weder Brust noch Wams an / aber wol ein par lustiger Polnischer Stifel; ihr Hemd war schneeweis / von reinem Aurcher Leinwath / so trug sie auch ihr langes Zigeuner-Messer nicht verborgen underm Rock / sonder offentlich.«

9. Mythen und Märchen

Es existieren Mythen und Märchen *über* »Zigeuner« und solche *von* »Zigeunern«. Erstere entstanden teils aus Unwissenheit über die fremden Gestalten, teils, um sie bewußt zu diskreditieren. Letztere trugen dazu bei, das Selbstwertgefühl der Sinti und Roma gegenüber der feindlichen Umwelt zu heben. Viele Märchen und Geschichten von »Zigeunern« loben daher die Gewitztheit und Überlegenheit dieses Volkes gegenüber den anderen.

Die Märchen über »Zigeuner« zeigen die Figuren meist negativ besetzt: schmutzig, arm, betrügend, stehlend. Sie rauben darin oft auch Kinder oder werden als Gegenspieler Gottes dargestellt. Die Geschichte von Maria und Josef, denen Sinti die Herberge verweigerten, wurde möglicherweise ebenso von Kirchenkreisen kolportiert wie die von den Nägeln, mit denen Jesus ans Kreuz genagelt wurde und die angeblich von »Zigeunern« gemacht waren. Die Quellen dieser Berichte weisen auf den bayerischen Gelehrten Aventinus (1477–1534) hin, der in seiner berühmten »Bayerischen Chronik« den Roma gegenüber eine bewußt polemische und feindselige Haltung einnahm.

Übernatürliche Fähigkeiten sagte man den »Zigeunern« ebenfalls nach. Möglicherweise trugen die Wahrsagereien und Gauklereien, mit denen sich manche ein Auskommen verdienten, dazu bei, daß sich dieser Glaube seit dem ersten Auftreten der »Zigeuner« bis in unsere Zeit gehalten hat. »Zigeunerinnen« könnten mit Zaubersprüchen Männer gefügig machen, heißt es, und unglücklich Verliebten ebenso mit magischen Kräutern helfen wie unheilbar Kranken. Aber sie nutzten diese Fähigkeiten auch, um Leute, die kein Almosen herausrücken, zu verfluchen.

»Die Zigeuner sind nicht dumm / Ziehn sie in der Welt herum / Kochen sie die Tauben im Hut / und der Hut nicht brennen tut.« Diesem schwäbischen Reim liegt der Aberglaube zugrunde, Roma könnten auf geheimnisvolle Weise das Feuer beherrschen. Ein Dorf, in dem einmal Roma gelagert haben, so meinte man in Schleswig, könne nicht mehr niederbrennen. Von den »Zigeunern« haben die meisten Deutschen heute ein festes, wenn auch ein unscharfes Bild. In Literatur und Dichtung zeigen sich neben diskriminierenden Werken aber auch solche, die eine Art Sehnsucht zeigen nach einem ähnlich freien Leben wie das der Herumziehenden. Vor allem in der Romantik taucht dieses Motiv häufig auf. Nikolaus Lenau (1802–1850) beispielsweise besang »Die drei Zigeuner«:

Drei Zigeuner fand ich einmal
Liegen an einer Weide,
Als mein Fuhrwerk mit müder Qual
Schlich durch die sandige Heide.

Hielt der eine für sich allein
In den Händen die Fiedel,
Spielte, umglüht vom Abendschein,
Sich ein feuriges Liedel.

Hielt der zweite die Pfeif' im Mund,
Blickte nach seinem Rauche,
Froh, als ob er vom Erdenrund,
Nichts zum Glücke mehr brauche.

Und der dritte behaglich schlief,
Und sein Cimbal am Baume hing,
Über die Saiten der Windhauch lief,
Über sein Herz ein Traum ging.

An den Kleidern trugen die drei
Löcher und bunte Flicken,
Aber sie boten trotzig frei
Spott den Erdengeschicken.

Dreifach haben sie mir gezeigt,
Wenn das Leben uns nachtet,
Wie man's verraucht, verschläft, vergeigt,
Und es dreimal verachtet.

24

Nach den Zigeunern lang noch schaun
Mußt' ich im Weiterfahren,
Nach den Gesichtern dunkelbraun,
Den schwarzlockigen Haaren.

Das Fernsehen hat inzwischen auch bei Sinti und Roma
das Leben verändert. Der Bildschirm, berichtete der Sinto
Reinhold Lagrene auf einer Tagung in Königstein/Taunus, bindet in seiner Familie Zeit, Aufmerksamkeit und
Phantasie. Trotzdem gäbe es unter Sinti und Roma noch
immer besonders talentierte Erzähler. Manche der Geschichten, die Sinti und Roma sich seit Generationen
erzählen, sind eher depressiv. Sie handeln von den täglichen Problemen. So zum Beispiel die Geschichte einer
Flucht vor der Polizei, während derer ein kleines Kind
weint: Weil die Mutter fürchtet, das Kind könne alle
verraten, preßt sie es ganz fest an ihren Körper. Als die
Verfolger abgeschüttelt sind, stellt sie fest, daß sie das
Kind erstickt hat. Sie wird darüber wahnsinnig. Andere
Geschichten zeigen dagegen Stolz und Überlegenheitsgefühl und die Fähigkeit, auch aus verzwickten Situationen
als die Geschickteren hervorzugehen. Ein Beispiel: So
verleitet eine Gruppe Sinti einen Förster dazu, statt den
Sack, in dem sein Gefangener steckt, sich selbst in den
See zu stürzen. Denn der Gefangene hatte ihn glauben
gemacht, würde er an der tiefsten Stelle in den See geworfen, werde er zum Ersten Rat und Bürgermeister des Sees.
Andere Geschichten sollen Kinder eine gute Lebensführung lehren. Eine solche ist die vom Wolf und der Krähe,
die sich ein Leben lang bekämpft hatten. Statt den Wolf
zu warnen, hat die Krähe zugeschaut, wie der Jäger den
Wolf tötete. Die Krähe freute sich über den Tod ihres
Gegners. Doch ein Jahr später tritt sie ungeschickt auf
eine Schale, die sich dreht und die Krähe unter sich
begräbt. Jetzt berichtet der Erzähler, es habe sich dabei
um die ausgetrocknete Hirnschale des Wolfes gehandelt.

10. Rein – unrein

Roma beachten ganz besondere Reinlichkeitsnormen, die möglicherweise ihre Wurzeln in rituellen hinduistischen Waschungen haben. Nicht nur Gegenstände, auch Körperteile werden als unrein bezeichnet, übrigens auch Menschen, die sich nicht an die Reinlichkeitsnormen der Roma halten, beispielsweise alle Gadschos. Wo Wasser vorhanden ist, verhalten sich Sinti und Roma extrem sauber. Geschirr wird niemals in derselben Schüssel gespült, in der die Kleidung gewaschen wurde. Die Benutzung einer gemeinsamen Toilette für Männer und Frauen verschiedener Familien wird von Sinti und Roma abgelehnt. Kleidung von Männern und Frauen gemeinsam zu waschen gilt bei einigen Roma ebenfalls als unrein. Frauen durften nie im Wohnwagen entbinden, weil dieser sonst unrein würde. Beim Essen ist Pferdefleisch tabu. In einem fremden Haus, in dem jemand hustet, werden Roma nie ein Getränk annehmen. Getragene Kleidung wird abgelehnt, weshalb gespendete Hosen, Jacken oder Röcke häufig im Straßengraben landen oder verkauft werden. Angesichts dieser strikten Regeln mutet es an wie Ironie, wenn Roma und Sinti von anderen als unsauber oder dreckig verurteilt werden. Wenn Roma-Flüchtlinge in Sammelunterkünften für Asylbewerber hinter Büschen und Hecken ihre Notdurft verrichten, dann liegt das daran, daß sie Gemeinschaftstoiletten – die meist auch noch unhygienisch sind – ablehnen.

Neben diesen Reinlichkeitsnormen erlaubt es ein strenger Ehr- und Moralkodex Männern und Frauen nicht, über Sexualität zu sprechen. Ein Grund, warum es insbesondere den Frauen in Wiedergutmachungsverfahren schwerfiel, über die erlittenen Zwangssterilisationen im Dritten Reich zu berichten. Prostitution kommt für eine Sintiza oder Romani nicht in Frage, ist aber gegenwärtig in einigen osteuropäischen Ländern der Armut wegen trotzdem zu finden.

II. Geschichte der Roma

Anfang des 15. Jahrhunderts tauchten in Deutschland und Westeuropa Gruppen von unbekannten Reisenden auf. Sie zogen von Stadt zu Stadt und waren zunächst wohlgelitten, wenngleich viele sie mit distanzierter Neugier betrachteten. Man glaubte, sie seien Pilger, Wallfahrer oder Büßer aus Ägypten, und spendete bereitwillig. Die Führer, Herzöge oder Grafen, achtete man als hohe und vornehme Standespersonen, ihr Spiel wurde als willkommene Abwechslung geschätzt. Zudem waren Handwerker selten, es fehlte zum Beispiel Schmiede oder Werkzeugmacher. Der Kriegeradel in Mitteleuropa beschäftigte sie und stattete sie mit Privilegien aus, etwa der Steuerfreiheit und dem Jagdrecht.

Über ihre Herkunft wurde viel spekuliert: Sie seien Juden, die sich nach Verfolgungen einige Jahrzehnte in den Wäldern versteckt hatten und jetzt wieder hervorgekommen waren. Wieder andere meinten, die Fremden seien Ägypter und müßten als Buße dafür wandern, daß ihre Vorfahren Maria und Josef keine Herberge gegeben hatten, als König Herodes nach diesen suchen ließ. Eine Erklärung des Begriffs »Zigeuner« stammt aus dieser Zeit: Das Wort werde von »Zi-Gauner« hergeleitet und bezeichne deshalb einen Gauner, der umherzieht.

Selbst die Einwanderer erzählten Geschichten, die ihre Herkunft eher verschleierten, als Licht ins Dunkel zu bringen. Donald Kenrick gibt eine Geschichte wieder, die der Rom Ali Chaushev aus Ostbulgarien von seinem Großvater erzählt bekam: »Wir hatten einen großen König, einen Rom. Er war unser Prinz. Er war unser König. Damals lebten alle Roma an einem Ort, in einem wunderschönen Land. Dieses Land hieß Sind. Es war ein glückliches Leben dort, voll Freude. Das Oberhaupt aller Roma war Mar Amengo Dep. Er hatte zwei Brüder. Der eine wurde Romano genannt, der Name des anderen war Singan. Alles war gut, aber dann brach dort ein großer Krieg aus. Die Mohammedaner begannen mit diesem Krieg. Sie legten das Roma-Land in Schutt und Asche. Alle Roma flohen aus ihrem eigenen Land. So begannen sie ihre Wanderschaft als arme Leute durch fremde Länder. Damals sammelten die drei Brüder ihre Anhänger um sich und machten sich auf den Weg. Auf vielen Straßen zogen sie dahin. Manche gingen nach Arabien, andere nach Byzanz und Armenien.«

1. Urheimat und erste Wanderungswelle

Erst 1782 löste der deutsche Forscher Johann C. C. Rüdiger das Rätsel der Herkunft: Die »Zigeuner« stammen ursprünglich aus dem Panjab, einem Gebiet im nordwestlichen Indien und östlichen Pakistan, zwischen Indus-Delta, Delhi und afghanischer Grenze. Von dort verschleppten die Araber bei ihren Eroberungsfeldzügen im 9. und 10. Jahrhundert die Bewohner, um sie als Soldaten gegen die oströmischen Legionen ins Feld zu schicken. Auch im 11. Jahrhundert nahmen die Moslems nach ihren Siegen 500.000 Gefangene mit.

Die Heere des Byzantinischen Reiches wiederum unterwarfen auf ihren Feldzügen auch Tausende von Roma-Familien und brachten sie als Sklaven auf den Balkan.

Aus dem Studium der indo-europäischen Sprache Romanes, in das Wörter der Gastländer übernommen wurden, lassen sich zwei Hauptwanderwege rekonstruieren:

– Pakistan/Afghanistan, Iran, asiatische Türkei, Schwarzes Meer, Balkan
– Pakistan/Afghanistan, Iran, Kaspisches Meer, Armenien, Rußland/Balkan

Viele Autoren glaubten zusätzlich noch an einen dritten Weg, der die Roma über Afrika und Spanien nach Zentraleuropa geführt haben soll. Das Studium des Romanes ergab aber, daß die Sprache zwar griechische, slawische, französische und deutsche Lehnwörter enthält, dagegen aber keine arabischen. Daraus läßt sich schließen, daß die spanischen »gitanos« mit den anderen Gruppen im 15. Jahrhundert über Mitteleuropa und Frankreich nach Spanien kamen. Diese These wird auch durch die historische Entwicklung gestützt: Im späten 15. Jahrhundert wurden die arabischen Herrscher aus Spanien verdrängt. Die »Zigeuner« müssen offenbar der christlichen Invasion von Norden nach Süden gefolgt sein.

Auch die Annahme von einem Weg über das Kaspische Meer, Armenien und Rußland ist umstritten. Sie stützt sich lediglich auf das Auffinden einiger armenischer Wörter im Romanes. Im Mittelalter und sogar bis zum Beginn des Ersten Weltkriegs wurde aber auch in der östlichen Türkei und in Mittelanatolien armenisch gesprochen.

Den ursprünglichen Namen Rom, der auf den indischen Stammesnamen Dom zurückgeht, mißachteten und vergaßen die Eroberer. Sie gaben der Kriegsbeute den alttürkischen Namen »tschigan«, was »arme Leute« heißt oder »Habenichtse«. »Atsingani«, sagen wiederum andere Wissenschaftler, könnte auch der griechische Name einer ketzerischen Sekte gewesen sein, in deren Nähe die Ankömmlinge wegen der Wahrsagerei gerückt wurden. Daraus resultiert eine weitere Erklärung des Begriffs »Zigeuner«: Aus »Atsingan« hätten sich die Namen Cigani (slawisch) oder Zingari (italienisch), Tsiganes (französisch) und Cingeneler (türkisch) abgeleitet, woraus im Deutschen später »Zigeuner« entstanden sei.

2. Sklaverei

Die »Habenichtse« blieben auf dem Balkan, was sie zuvor auch bei den Arabern gewesen waren: arm. Noch schlimmer: Sie wurden in Griechenland, Mazedonien, Moldawien, Rumänien, Serbien, Transsylvanien und der Wallachei erneut als Sklaven verkauft, ähnlich den Schwarzen, die in Amerika auf den Plantagen arbeiten mußten. Auch die Kirche bediente sich ihrer, ebenso das Militär. Es ist bekannt, daß eine Roma-Armee die griechische Hafenstadt Nauplia gegen die vorrückenden Türken verteidigte. Die Sklaverei sollte bis in die zweite Hälfte des 19. Jahrhunderts anhalten.

3. Ankunft in Zentraleuropa

Das erste Zeugnis von der Existenz der Roma in Europa legten Simon Simeonis und Hugo der Erleuchtete im Jahr 1322 vor. Sie beobachteten auf Kreta Menschen, die in kleinen, schwarzen Zelten oder in Höhlen hausten, niemals aber länger als einen Monat an einem Ort blieben.

Anfang des 15. Jahrhunderts gelang es den ersten der Balkan-Sklaven, nach West- und Nordeuropa zu fliehen. Das Eindringen der Osmanen, verbunden mit der Zerstörung der Region, wird als Ursache der Fluchtbewegung gesehen. Das mit den Roma stets verbundene Nomadentum war also keine natürliche Lebensweise dieses Volkes, sondern von den Umständen erzwungen. Vermutlich waren die Sinti und Roma in ihrer indischen Heimat sogar seßhaft. Krieg und Verschleppung rissen sie zunächst aus diesem Leben heraus. Es folgte die Flucht vor Sklaverei, der sie sich genauso in Zentraleuropa ausgesetzt sahen und die sie auch später durch staatlich, kirchlich und wirtschaftlich ausgeübten Druck unvermindert bedrohte. Um in einem Umfeld überleben zu können, in dem sie ständig auf Ablehnung und Zwang stießen, wurde Reisen den Sinti zur Überlebensstrategie.

Ihr erstes Auftauchen in deutschen Landen – urkundlich erwähnt zuerst in Hildesheim (1407), Hessen (1414) und Meißen (1416) – müssen die Einwohner mit neugierigem, aber auch befremdetem Staunen aufgenommen haben. Der Theologe und Kosmograph Sebastian Münster beschrieb

Sinti 1628 in seiner »Cosmographia universalis« als »ungeschaffen, schwarz, wüst und unfletig Volk, das sonderlich gern stiehlt, doch allermeist die Weiber, die also ihrem Manne zutragen. Sie haben unter ihnen einen Haufen unettliche Ritter, die gar wohl bekleidet und werden auch von ihnen geehrt. Sie tragen bei ihnen ettlich Brief und Siegel, von Kaiser Sigismund und anderen Fürsten gegeben, damit sie ein Geleit und freien Zug haben durch die Länder und Städte. Sie geben auch für, daß ihnen zur Buße auferlegt sei also umherzuziehen, in Pilgerweis, und daß sie zum ersten aus Klein Ägypten kommen seien. Aber es sind Fabel. Man hat es wohl erfahren, daß dies elend Volk geboren ist, in seinem umschweifend Ziehen, es hat kein Vaterland, zieht also müßig im Land umher, ernährt sich mit stehlen, lebt wie ein Hund, ist keine Religion bei ihnen, ob sie schon ihre Kinder unter den Christen taufen lassen. Sie leben ohne Sorg, ziehen von einem Land in das andere, kommen aber über etliche Jahre wieder. Doch teilen sie sich in viele Scharen und verwechseln ihren Zug in die Länder. Sie nehmen auch Mann und Weib in allen Ländern, die sich zu ihnen bekehren zu schlagen. Es ist ein seltsam und wüst Volk, kann viel Sprache und ist im Bauers Volk gar beschwerlich. Wann die armen Dorfleut im Felde sind, durchsuchen sie ihre Häuser und nehmen, was ihnen gefällt. Ihre alten Weiber ernähren sich mit Wahrsagen, und dieweil sie den Fragenden Antwort geben, wieviel Kind, Mann und Weiber sie werden haben, greifen sie mit wunderbarer Behendigkeit ihnen zum Säckel oder zu Taschen und leeren sie, daß es die Person, deren solches begegnet, nicht gewahr wird«.

4. Unter dem Schutz des Königs

Der Schutzbrief des Königs Sigismund von 1423 sollte den »Woywoden Ladislaus und sein Volk« vor »Unzuträglichkeiten und Ärgernissen schützen«. Gleichzeitig

Kris

Mit dem Kris, einer Art Gericht, klären Roma und
Sinti auch heute noch Streitigkeiten innerhalb einer
Gruppe. Die »Richter« werden dafür von Fall zu Fall
von den Kontrahenten einvernehmlich bestimmt. In
der Regel sind das drei bis fünf Personen, die sich in
der Vergangenheit durch kluge Urteile einen Namen
gemacht haben. Auch Ehen werden durch das Kris
bestätigt. Im Fall von Ehen zwischen deutschen und
nichtdeutschen Sinti oder Roma führt das Fehlen
einer offiziellen staatlichen Ehebescheinigung oft zu
Problemen bei der Anerkennung der Staatsbürgerschaft und der Aufenthaltsgenehmigung. In Hamburg
geben sich die Behörden inzwischen mit einer schrift-
lichen Bestätigung der Ehe durch die »Rom und Cinti
Union« zufrieden – eine in der Bundesrepublik einmalige Absprache zwischen staatlichen Organen
und Roma-Vertretung, die sich aber nicht als Kris
versteht.

sicherte er den Roma eine eigene Gerichtsbarkeit zu für
Streitfälle innerhalb des Stammes. Sinti und Roma nennen diese Einrichtung *Kris*. Offenbar war der Adel glück-
lich über die Abwechslung, die die Musik der Sinti
brachte. Gleichzeitig erkannten sie auch den Nutzen der
handwerklichen Fähigkeiten für die Waffenherstellung.
In der Bevölkerung schwenkte die freundliche Stimmung
dagegen bald um. Vor allem die Kirche schürte das Mißtrauen gegen die Zugereisten. Denn Wahrsagerei und der
Blick in die Zukunft waren beinahe zum Gesellschafts-
spiel geworden und galten unter Kirchenmännern sogar
als Konkurrenz. In Rouen zog, so wird berichtet, eine
Wahrsagerin selbst einen Kaplan in ihren Bann. Er wurde
deshalb getadelt. Allgemein verblaßte der Reiz des Neu-

en. Sicher mag es auch nicht immer mit rechten Dingen zugegangen sein, gerade was die Wahrsagerei betraf. Das Gerücht, die Neuankömmlinge aus dem Osten könnten türkische Spione sein, machte zusätzlich in einer Zeit entstehender Angst vor der Macht der Türken schnell die Runde. Vor allem aber konkurrierten die Neuankömmlinge mit den einheimischen Handwerkern um ihre Absatzmärkte. 1449 wurden sie aus Frankfurt/Main vertrieben, in Bamberg dagegen, wo sie vor den Stadttoren lagerten, noch beschenkt.

5. Verfolgung

1496 und 1498 wurde der Geleitbrief von Sigismund durch die Reichstage in Lindau und Freiburg für ungültig erklärt. Der Reichstag von Augsburg ordnet 1551 darüber hinaus an, daß alle »Zigeuner« das Land binnen drei Monaten zu verlassen haben. Wer einen »Zigeuner« auf seinem Besitz antrifft, darf ihn straffrei töten. Die Pommersche Polizeiordnung von 1563 erklärt die »zciegener« ebenfalls für vogelfrei. Wer ihnen Unterschlupf gewährt, muß mit einer Strafe von 20 Gulden rechnen. 1571 tötet ein Frankfurter einen »Zigeuner« mit einem Taschenmesser. Das Gericht sprach ihn frei und meinte, »daß solche Leute in Teutschlanden nicht allein nit geduldet und gelitten werden, daß auch diejenigen, so gegen solche Heiden oder Zigeuner mit der Tat handeln und vornehmen würden, gar nicht daran gefrevelt, noch Unrecht getan haben sollen«. 1589 erlauben auch die Polizei- und Landesordnungen von Sachsen, Thüringen und Meißen, daß den »Zigeunern« Hab und Gut weggenommen werden dürfe, um sie danach außer Landes zu vertreiben. Nicht nur die deutschen Herren erließen solche Gesetze. Roma wurden in ganz Europa gefangengenommen, vertrieben, geschlagen und hingerichtet. Sie zogen von Ort zu Ort und lebten meist zurückgezogen in entlegenen Gegenden.

Nach dem Dreißigjährigen Krieg – die Roma waren als Soldaten wieder einmal willkommen gewesen – zogen »Zigeuner« wie auch andere ehemalige Söldner stehlend durchs Land. Das Bandenwesen florierte. Zur Strafe verschickten die Kolonialherren Englands Roma nach Neu England, Spanien und Portugal dagegen bevorzugten Südamerika. Üblich war auch die Galeerenstrafe, die Papst Pius V. gegen die Roma anzuwenden empfahl. Die Sklaven mußten in der Schlacht von Lepanto gegen die Türken kämpfen.

6. Zwangsansiedlung

In der zweiten Hälfte des 18. und 19. Jahrhunderts sollte das »Zigeunerproblem« auf andere Weise gelöst werden. Im Kontext humanitärer Ideale versuchte man, Sinti und Roma seßhaft zu machen. Eingliederung hieß die Strategie, die Identität der Sinti sollte gebrochen werden. Das Experiment scheiterte am Widerstand der Sinti, die ihre kulturelle Eigenständigkeit bewahren wollten.

Wegweisend in der »Zigeunerpolitik« wurden die Maßnahmen der Kaiserin Maria Theresia von Österreich und Ungarn. Sie wollte alle »Zigeuner« zu Neu-Magyaren machen und verteilte unter ihnen Saatgut und Vieh. Pferdehandel und die fahrende Lebensweise wurden verboten, statt dessen sollten Hütten gebaut werden. Männliche Jugendliche mußten vom 12. bis zum 16. Lebensjahr ein Handwerk erlernen, danach möglichst dem Militär beitreten. Mit dem Niederlassungsrecht verbunden waren Maßnahmen, die den Zusammenhalt unter den Roma schwächen sollten. Roma durften sich danach nicht mehr mit »Weibern aus ihrer Nazion« verheiraten, sondern mit Bauerstöchtern. Die Gerichtsbarkeit der »Zigeuner« wurde aufgehoben, das Kris dem jeweiligen Ortsrichter übertragen.

Maria Theresias Nachfolger, Joseph II., verbot ungarischen Roma, ihre Sprache zu sprechen, Roma-Ehen wurden in der Regel ebenfalls untersagt, Roma-Kinder zur Adoption freigegeben.

Natürlich beeinflußte auch die Kirche diese Regularien. In einer Verordnung Josephs II. heißt es:

»I. Was Religion betrifft, so sollen sie

1. nicht nur sich selbst in den Heilslehren unterweisen lassen, sondern auch ihre Kinder frühzeitig zur Schule anhalten;

2. verhüten, so gut sie können, daß ihre Kinder nicht nackt herumlaufen, und dadurch zu Hause, aber auch auf öffentlichen Straßen und Gassen andern ein Ärgernis und Abscheu werden;

3. in ihren Wohnungen nicht mehr ohne Unterschied des Geschlechts Kinder beieinander schlafen lassen;

4. fleißig, besonders an Sonn- und Festtagen, zur Kirche gehen, und Beweise von christlicher Gesinnung zu Tage legen;

5. sich gewissen Seelsorgern unterwerfen, und ihren Vorschriften gemäß verhalten.«

Der erste »Zigeunerforscher«, M. G. Grellmann, lobte die »heilsame Verordnung« und dankt Joseph II. dafür, »daß er so viele Tausende solcher Elenden, die (…) als Halbmenschen in die Irre liefen, aus ihrem Unrath herausgezogen, sie zu Menschen und guten Bürgern gemacht habe«. Er hoffte, die Maßnahmen würden »nicht an Folgen mangeln, da Josephs Auge zu wachsam ist, als daß etwas Gutes, was er will, ganz ungethan bleiben könnte«. Er wurde enttäuscht. Die Ansiedlung funktionierte in Teilen nur im Burgenland. Viele der Zwangsangesiedelten zogen berufsbedingt weiter im Land umher. Und so beklagte ein Kreisamt, »daß die Zigeuner von ihrer schwärmenden Lebensweise nicht abzubringen sind, daß angesiedelte Familien entlaufen, die ihnen zugewiesenen Grundstücke und Gebäude devastieren«.

7. Kindsraub

In dieser Zeit entstand wohl auch der Mythos von den »Zigeunern«, die Kinder stehlen. Doch nicht sie nahmen die Kinder der Einheimischen mit, sondern sie waren genötigt, sich ihre eigenen Kinder zurückzuholen, die ihnen der Staat im Zuge von Zwangsadoptionen genommen hatte.

Um nämlich das Eingliederungsprogramm durchzusetzen, verschärfte der Staat Maßnahmen und Druck. Von 1773 an isolierte man Roma-Kinder von ihren Familien, um sie nicht erst ans »Zigeunerleben« zu gewöhnen. Sie wurden in christliche Familien gegeben. Ein Reisebericht überliefert eine Art der Zwangsadoption: »An einem für dieses Volk entsetzlichen Tag, an den es noch mit Schrecken zurückdenkt, erschienen an allen Orten Ungarns, wo sich Zigains befanden, von Soldaten begleitete Karren. Die Kinder, vom eben entwöhnten Säugling bis zu den Jungvermählten, die noch ihre Hochzeitskleidung trugen, wurden ihnen fortgenommen. Die Verzweiflung dieser unglücklichen Bevölkerung läßt sich nicht beschreiben: die Eltern wälzten sich vor den Soldaten auf dem Boden und klammerten sich an die Karren, die ihnen ihre Kinder entführten. (…) da sie den Karren nicht zu folgen vermochten, auf denen man das Teuerste, was sie besaßen, ihre Kinder, fortführte, begingen einige von ihnen auf der Stelle Selbstmord.«

Wie in Österreich-Ungarn versuchten auch in der Schweiz liberale Kreise, Heimatlose zwangseinzubürgern, unter ihnen auch die »Zigüüner« und die Jenischen. Von 1850 an wurden Gemeinden verpflichtet, zu bestimmten Stichtagen den Roma, die sich im Ort aufhielten, das Bürgerrecht zu verleihen. Das führte kurz vor diesen Tagen zu wahren Hetzjagden auf die Roma.

Im deutschen Friedrichslora versuchte der Missionsverein Naumburg mit Unterstützung der preußischen Regierung, »Zigeuner« seßhaft zu machen. Die erwachsenen Männer wurden in Arbeitshäusern untergebracht, wo man sie schlug, wenn sie nicht arbeiteten. Die Kinder kamen nach Erfurt in Erziehungsanstalten. Das Auseinanderreißen der Familien ließ auch dieses Experiment scheitern, förderte aber wiederum den Ruf des »Zigeuner« als Kindsräuber, weil der Nachwuchs aus den Anstalten zur Familie zurückgeholt wurde.

8. Zweite Wanderungswelle

Mit dem Ende der Leibeigenschaft in Rumänien und Bulgarien suchten nach 1864 viele Roma ihr Glück im Westen. Die neue Industriegesellschaft brauchte Arbeitskräfte, das versprach Auskommen und Unterhalt. Gleichzeitig nahm sie den Sinti die ursprünglichen Erwerbsquellen als Wanderhandwerker. Maschinen ersetzten außerdem die Hände vieler Taglöhner in der Landwirtschaft, ebenfalls eine traditionelle Domäne der Sinti. Als 1871 die Gewerbefreiheit auf den gesamten deutschen Markt ausgedehnt wurde, entstand zwischen den Händlern unter den Sinti und denen der Nicht-Sinti eine Konkurrenzsituation.

Schon bald wehrte sich das neugegründete Reich gegen die Wanderungswelle aus dem Osten mit neuen Verordnungen. In Hessen erhielten 1871 »nicht heimathberechtigte« Sinti und Roma keine Gewerbescheine mehr, »heimathberechtigten« wurde der Schein nur »mit der größten Vorsicht« und nach »sorgfältiger Prüfung« ausgestellt. 1886 ordnete man im ganzen Reich die Abschiebung von »Zigeunern ohne deutsche Staatsangehörigkeit« an. Der Bundesrat beschloß 1891 in einer »Anweisung zur Bekämpfung des Zigeunerunwesens« nochmals, Sinti und Roma ohne deutschen Paß abzuschieben, aber auch den deutschstämmigen keine Arbeitsbücher mehr auszustellen. Eine geregelte Tätigkeit war damit praktisch ausgeschlossen. Wer trotzdem seinen Wanderhandel fortsetzte, dem drohten Strafverfahren und die Einweisung in ein Arbeitshaus.

Ab 1899 zielten die Maßnahmen gegen die Lebensweise der »Zigeuner« vor allem gegen die »Banden«. Entsprechend betrieben die Behörden die Auflösung der Familienverbände. Bei Gefahr »sittlicher Verderbtheit« wurden Kinder der staatlichen Fürsorge zur Erziehung übergeben.

9. Erfassung

Bayern richtete im gleichen Jahr (1899) das erste Amt ein, das »Zigeuner« systematisch erfassen sollte. Eine polizeiliche Zentralstelle, der »Nachrichtendienst für die Sicherheitspolizei in Bezug auf die Zigeuner«, sollte unter Leitung des Münchner Kriminalbeamten Alfred Dillmann alle verfügbaren Informationen über Sinti und Roma und ihre Bewegungen sammeln. Von 1911 an nahmen die Beamten sogar Fingerabdrücke von allen »Zigeunern«, die sie ergreifen konnten. Trotzdem kämpften Sinti während des Ersten Weltkriegs in der deutschen Armee. Sie erhielten zum Teil auch hohe Auszeichnungen. Danach standen sie erneut ohne Arbeit und Lebensunterhalt da. Die Erfassung durch staatliche Stellen setzte sich fort. Sie bildete einige Jahre später die Grundlage für die Vernichtung der Sinti und Roma im Nazi-Deutschland.

III. Der Völkermord

Die Wirtschaftskrise stürzte auch oder gerade Sinti und Roma in wirtschaftliche Not, und mit ihnen viele Deutsche. Die Stimmung wandte sich erneut gegen die ungeliebten Fremden und machte sie für Ursachen verantwortlich, die gar nicht in ihrer Verantwortung lagen. Bayern verabschiedete am 16. Juli 1926 ein »Gesetz zur Bekämpfung von Zigeunern, Landfahrern und Arbeitsscheuen«. Die »Zigeunerpolizeileitstelle« in München legte erste Karteien an. Vom 23. bis 26. November 1927 mußten alle Sinti und Roma ihre Fingerabdrücke hinterlassen. 1929 wurde das Dillman'sche Amt, die »Zigeunerpolizeileitstelle«, zur Zentrale der »Zigeunerbekämpfung« in Deutschland befördert. Kinder durften nach den Gesetzen von 1926 nur dann mit ihren Eltern reisen, wenn sie ausreichend zur Schule gingen. Erwachsene ohne Arbeitsnachweis konnten zwangsweise in Arbeitslager eingewiesen, der Aufenthalt durch die Behörden zeitlich beschränkt werden. Spätere Ländererlasse in Bremen, Baden und Thüringen lehnten sich eng an das bayerische Gesetz von 1926 an. Hessen verbot das »Reisen oder Rasten in Horden« und definierte den Begriff »Horde« als »Vereinigung von zwei Familien oder von einzelnen Personen. Auch der Anschluß verheirateter Kinder mit ihren Familien an die Eltern fällt hierunter«. Es war im Grunde ein Angriff nicht nur auf die traditionelle Roma-Familie.

Als Hitler die Macht ergriff, kursierte unter den Roma eine Geschichte: Kurz vor der Machtübernahme soll Hitler eine »Zigeunerwahrsagerin« – ihr Name war Adler – zu sich bestellt haben, damit sie ihm die Zukunft voraussage. Sie fuhr nach München, sagte Hitler große Macht voraus, aber auch gleichzeitig seinen Sturz. Der werde allerdings noch jäher sein als der Aufstieg, prophezeite sie. Aus seiner Wut gegenüber dieser Einschätzung, so meinten die Roma,

Nürnberger Gesetze

Auf dem 7. Reichsparteitag der NSDAP vom 10. bis 16. September 1935 in Nürnberg nahm der Reichstag einschneidende Gesetze für Nichtarier an. Nicht nur den Deutschen jüdischen Glaubens war das Wahlrecht genommen, sondern auch den »Zigeunern«. Das »Gesetz zum Schutz des deutschen Blutes und der deutschen Ehre« verbot überdies Ehen zwischen Ariern und Nichtariern. Bis Ende der siebziger Jahre verdrängte die deutsche Öffentlichkeit, daß das Gesetz auch Auswirkungen auf Sinti und Roma hatte. Die Nürnberger Gesetze wurden 1945 durch den alliierten Kontrollrat aufgehoben.

habe Hitler beschlossen, die Roma auszurotten – und damit deren angebliche schwarze Magie. Die Nationalsozialisten machten sich schließlich in der Tat daran, die »Zigeunerplage« zu beseitigen. Man verschärfte die Gesetzgebung deutlich und unterstützte damit Vorurteile und Diskriminierung. Schon 1933 forderte das Rassen- und Siedlungsamt der SS in Berlin, Roma und Sinti sowie Nachkommen aus Ehen von Partnern unterschiedlicher Herkunft sterilisieren zu lassen. Mit den *Nürnberger Gesetzen*, dem »Blutschutz«- und dem »Ehegesundheitsgesetz«, sprach man ihnen die Reichsbürgerschaft ab und verbot Mischehen. Damit waren sie bereits im Jahr 1935 mit den ebenso diskriminierten Juden und Schwarzen gleichgestellt.

Im Juni 1936 empfahl der Reichsinnenminister den Gemeinden und der Polizei, »von Zeit zu Zeit bezirksweise oder für ganze Landesteile Razzien auf Zigeuner zu veranstalten«. Solche »Fahndungstage«, die mit Personenerfassung verbunden waren, lieferten erste Grundlagen für eine spätere systematische Erfassung »im Reichsmaßstab«. »Fahndungstage« fanden nachweisbar 1934 in

Baden statt, 1936 in Mecklenburg und im Rheinland, später in Westfalen und Lippe. Mit den Vorgaben der neuen Machthaber im Rücken versuchten Kommunalverwaltungen, den Sinti und Roma das Leben so schwer wie möglich zu machen. Etliche Gemeinden koppelten die

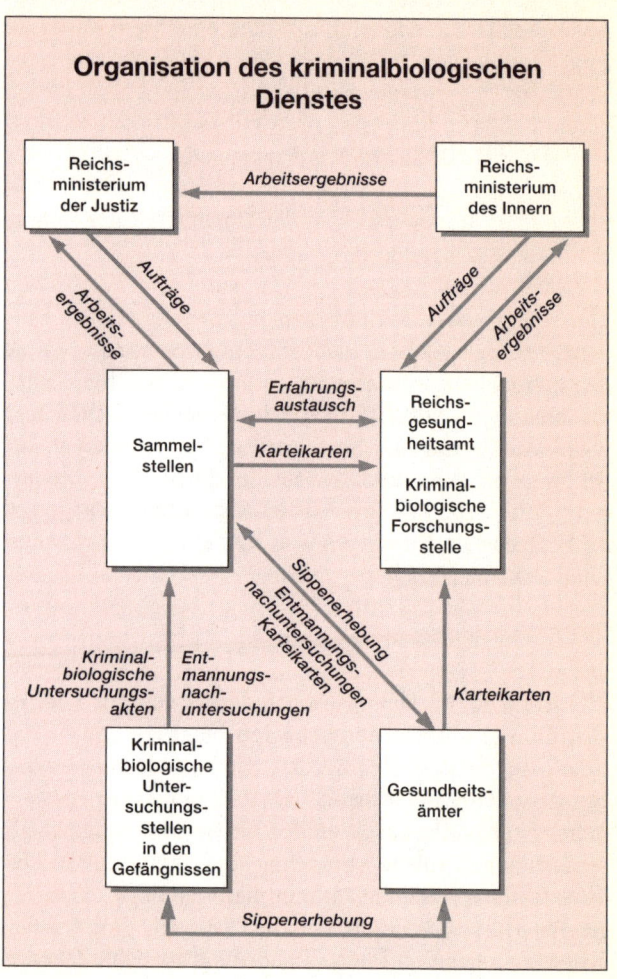

Organisation des kriminalbiologischen Dienstes

Ausgabe von Sozialunterstützung an die Verpflichtung zu einer Arbeitsleistung und kürzten die Summe auf einen »Zigeunersatz«, der unter dem für »hilfsbedürftige Volksgenossen« lag. Statt Geldleistungen erhielten die Roma außerdem oft nur Sach- und Kleiderspenden.

Einige Orte erließen Durchzugsverbote. In einer nordbadischen Gemeinde empfing sogar eine Menschenkette eine Gruppe von Wohnwagen, um sie wieder wegzuschicken. In Frankfurt, Köln und Gelsenkirchen wurden privat geführte Stellplätze für Sinti und Roma geschlossen. Kommunale Sammellager entstanden außerhalb oder am Rand der Städte. In Hamburg scheiterte der Plan für ein solches Sammellager an der Uneinigkeit der Behörden über den Standort des Lagers.

Bereits in den ersten Jahren der nationalsozialistischen Herrschaft gaben Verantwortliche, gerade aus der Provinz, eine Kostprobe dessen, was kommen würde. So ließ der nationalsozialistische Bürgermeister von Berleburg, rassenhygienisch begründet, schon zwischen 1933 und 1937 mindestens fünf Sinti sterilisieren. Er glaubte, bei 99 Prozent der Schulkinder aus der ehemaligen »Zigeunerkolonie« die 1726 als Ansiedlungsprojekt des Grafen zu Wittgenstein entstanden war, »angeborenen Schwachsinn« erkannt zu haben.

1. Erste Lager

Als Adolf Hitler 1936 in Berlin die Jugend der Welt zu den Olympischen Sommerspielen begrüßte, durfte das heile Bild nicht getrübt werden. Sinti und Roma wurden aus dem Stadtbild verbannt und in einem Lager in Marzahn (heute steht dort eine der für die ehemalige DDR typischen Plattenbausiedlungen) interniert. Auch in Dachau trafen die ersten Sinti-Häftlinge zu dieser Zeit ein. In Wien gründete 1936 die Internationale Polizeiliche Kommission (später Interpol) die »Internationale Zentralstelle zur Bekämpfung des Zigeunerunwesens« (deren Archive 1945 vermutlich zerstört wurden). Wissenschaftler und Mediziner unterstützten diese »Bekämpfung«. Der praktische Arzt Karl Hannemann aus München, auch Hauptstellenleiter im Rassenpolitischen Gauamt, schrieb 1938 in der Zeitschrift des Nationalsozialistischen Deutschen Ärztebundes: »Ratten, Wanzen und Flöhe sind auch Naturerscheinungen, ebenso wie die Zigeuner und Juden. Sie sind daher gleichfalls gottgegebene Wesen, aber man kann sie ebensowenig durch rücksichtsvolle Behandlung bessern oder beim Zusammenleben von uns fernhalten wie entartete Asoziale und unnormal ichsüchtige, kriminell-hemmungslose Menschen. Wir müssen deshalb alle diese Schädlinge biologisch allmählich ausmerzen, und das heißt heute, die Lebensbedingungen unseres Volkes durch Erweiterung der Sicherheitsverwahrung und Sterilisationsgesetze so grundlegend ändern, daß alle diese Feinde unseres Volkes langsam aber sicher zur Ausmerze gelangen.«

2. Rassenhygienische Forschungsstelle

Schutzstaffel (SS), Reichssicherheitshauptamt und auch Reichskriminalpolizeiamt erhielten schon 1936 einen »wissenschaftlichen« Mitstreiter gegen die »Zigeunerplage« zur Seite gestellt, die sogenannte *Rassenhygienische Forschungsstelle*. Ihr Leiter, der Nervenarzt Robert Ritter, hielt Landstreicherei, Betteln, Diebstahl, Betrug, den Wunsch nach Wanderschaft, asoziale Verhaltensweisen und allgemeine Fürsorgebedürftigkeit für vererbliche Anlagen der »Zigeuner«. Für den »Kriminalbiologen« – so nannte er sich selbst – blieb nur eine Lösung:

»Die Zigeunerfrage kann nur als gelöst betrachtet werden, wenn die Mehrheit der asozialen und nutzlosen Zigeunermischlinge in großen Arbeitslagern untergebracht worden ist und der Fortpflanzung dieser Mischlingsbevölkerung ein Ende bereitet ist. Nur dann werden die zukünftigen Generationen des deutschen Volkes von dieser Last befreit sein.«

Noch deutlicher beschrieb Ritters Kollege Karlheinz Rüdiger die Zielsetzung: »Unserem ganzen Volke würde es zum Segen gereichen, Menschen dieser Art vollkommen auszumerzen.«

Ritter betrieb Ahnenforschung. Eine Kartei, die den »Mischlingsgrad« feststellen sollte, verzeichnete die Art der Verwandtschaftsverhältnisse von Sinti und Roma. Ritter schätzte die Zahl der Mischlinge unter den »Zigeunern« auf »mehr als 90 Prozent«. Besonders zeige sich die Minderwertigkeit, wenn die Untersuchten auch von einheimischer Seite minderwertiges Erbgut in sich trügen. Und das

---

Rassenhygienische Forschungsstelle

Die Rassenhygienische Forschungsstelle wurde 1936 gegründet und war im Reichsgesundheitsamt der Abteilung L (Erbmedizin) zugeordnet. Die »Zigeunerfrage« wurde im Institut von Robert Ritter als Teilproblem bei der Erforschung von Nichtseßhaften und »Asozialen« gesehen. »Fliegende Arbeitsgruppen« reisten per Pkw oder Eisenbahn durch das Reich, um möglichst alle Sinti und Roma genealogisch zu erfassen. Die daraus entstandene Kartei, bis 1941 schon 20.000 Personen stark, diente den Nazis zur lückenlosen Deportation der Sinti und Roma in die KZ. Von 1938 an war das Institut direkt dem Reichssicherheitshauptamt unterstellt. Ritters Vorgesetzter war damit SS-Oberführer Nebe, der Chef der Sicherheitspolizei. Ab 1941 firmierte sie auch unter dem Namen »Zigeunersippenarchiv beim Reichsgesundheitsamt«.

---

sei üblich, weil sich »Zigeuner« vorwiegend mit *Jenischen*, Asozialen oder Kriminellen mischten. Dieses »Lumpenproletariat« zeichne sich dadurch aus, daß seine Mitglieder »hochgradig unausgeglichen« seien, »charakterlos, unberechenbar, unzuverlässig, sowie träge oder unstet und reizbar, kurz gesagt also arbeitsscheu und asozial«. Außerdem, so faßte Ritter die bisherigen Forschungen einseitig zusammen, habe man »Zigeuner als ethnologisch noch ganz ursprüngliche Primitive erkannt, deren geistiger Rückstand sie zu tatsächlicher sozialer Anpassung unfähig macht«. Sinti und Roma im fortpflanzungsfähigen Alter über die Grenze nach Osten zu schicken, hielt Ritter für keine Lösung. Er machte sich stark für Arbeitslager und Sterilisation. Für die Registrierung der Sinti und Roma fuhren Ritters Mitarbeiter durch das ganze Reich und holten Erkundigungen über die Verwandtschaftsverhältnisse ein oder veranstalteten medizinische Untersuchungen. Wer sich weigerte, dem wurde mit Haft und Konzentrationslager gedroht. Es gibt Berichte, nach denen sich widersetzende Frauen kahlgeschoren wurden, für jede Sintiza eine extreme Entwürdigung.

Klassifikationsskala im Dritten Reich

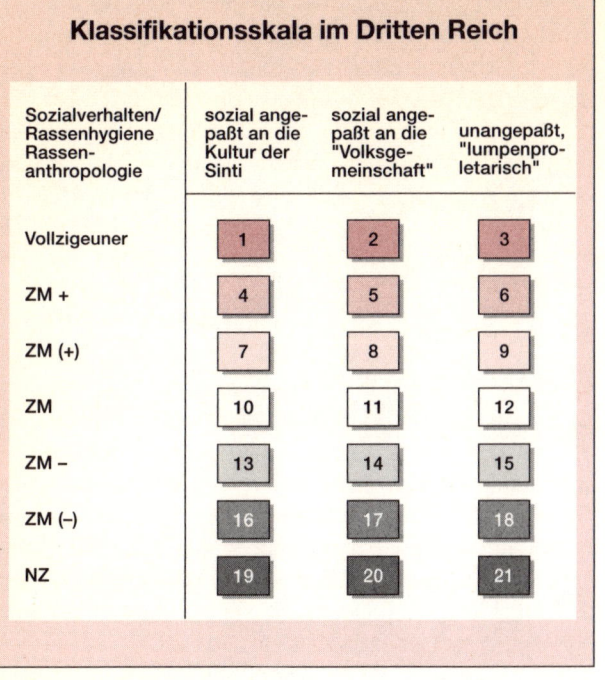

Sozialverhalten/ Rassenhygiene Rassen- anthropologie	sozial ange- paßt an die Kultur der Sinti	sozial ange- paßt an die "Volksge- meinschaft"	unangepaßt, "lumpenpro- letarisch"
Vollzigeuner	1	2	3
ZM +	4	5	6
ZM (+)	7	8	9
ZM	10	11	12
ZM –	13	14	15
ZM (–)	16	17	18
NZ	19	20	21

Einige Berühmtheit erlangte die Ritter-Mitarbeiterin und Ärztin Eva Justin, die von den Sinti und Roma »Loli Tschai« (rotes Mädchen) gerufen wurde. Sie ähnelte mit ihren roten Haaren einer Mitarbeiterin der evangelischen Zigeunermission in Berlin, die die Roma dort sehr geschätzt hatten. Diesen Sympathievorschuß nutzte Justin weidlich aus. Ritters Team arbeitete mit einer Klassifikationsskala, die neben der Einstufung als »Vollzigeuner« oder »Zigeunermischling« auch das Sozialverhalten berücksichtigte. Daraus ergaben sich 21 Möglichkeiten der Einstufung. Danach war möglich, daß ein sogenannter »Vollzigeuner« an die Volksgemeinschaft angepaßt, ein *»Zigeunermischling«* mit überwiegend deutschem Blut jedoch zur Kultur der Sinti gerechnet wurde.

46

Eva Justin schlug in beiden Fällen die Sterilisation vor: »Alle deutsch erzogenen Zigeuner und Zigeunermischlinge I. Grades – gleichgültig ob sozial angepaßt oder asozial und kriminell – sollten daher in der Regel unfruchtbar gemacht werden. Sozial angepaßte Mischlinge II. Grades könnten eingedeutscht werden – falls ihr vorwiegend deutsches Erbgut einwandfrei ist –, während asozial und auch von deutscher Seite belastete Mischlinge II. Grades ebenfalls sterilisiert werden sollten.«

Auf diese Weise begutachteten Ritters Kollegen bis März 1944 24.000 »Zigeuner und Zigeunermischlinge«. Auch die Polizei, Gerichte und Fürsorgeeinrichtungen versorgten das Institut mit Informationen. Ritter kam so auf eine Zahl von 35.000 »Zigeunern« im Reich. Die »reinrassigen« erhielten einen braunen Paß, Mischlinge einen mit blauen Streifen.

Nicht alle Sinti und Roma ließen sich jedoch von Ritters Mitarbeiterin katalogisieren. Als Adolf Würth im April 1938 zu einer Schorndorfer Familie kam, weigerte

---

»Zigeunermischling«

In sogenannten rassenhygienischen Gutachten unterschieden die Mitarbeiter der Rassenhygienischen Forschungsstelle »Zigeuner« und »Zigeunermischlinge«. Aufgrund von Himmlers Erlaß vom 7. August 1941 gab es fünf Kategorien:

Z	= Zigeuner, also ein stammechter Zigeuner
ZM +	= Zigeunermischling mit vorwiegend zigeunerischem Blutanteil
ZM	= Zigeunermischling mit gleichem zigeunerischem und deutschem Blutanteil
ZM –	= Zigeunermischling mit vorwiegend deutschem Blutanteil
NZ	= Nichtzigeuner, also deutschblütig

diese sich, eine »rassenkundliche Untersuchung« über sich ergehen zu lassen. Es gebe dafür keine gesetzliche Grundlage. Der Bürgermeister sprang der Familie bei und schrieb an den Landrat von Waiblingen: »Die Eheleute Guttenberger haben wohl ein zigeunerähnliches Aussehen, führen aber keine Lebensweise nach Zigeunerart, da sie seit Jahren einen festen Wohnsitz haben. Die Kinder besuchen die hiesige Schule.« Doch die Maschinerie war nicht zu stoppen. Die Familie starb mit ihren sechs Kindern in Auschwitz.

Ein Problem für Ritters Rassenhygiene muß allerdings die indische Herkunft der Sinti dargestellt haben. Die Bewohner Indiens zählten nämlich zu den arischen Völkern. Wie also mit den unerwünschten Ariern verfahren? Die Unterdrückung und Vernichtung von Roma und Sinti paßte dann aber doch ins nationalsozialistische Bild der Rassen: Ritters Forschung ergab, daß mehr als 90 Prozent Mischlinge waren, deren Vorfahren sich auf dem Weg nach Europa mit anderen Völkern vermischt hätten – und Mischlinge waren im Deutschland der Nazis nicht erwünscht.

Aufgrund der Arbeit von Ritter und seinem Team wurden Hunderttausende europäischer Sinti und Roma ermordet. Donald Kenrick und Grattan Puxon meinen, daß Ritter dafür »persönlich verantwortlich« zu machen sei. Denn seine Kartei diente der Polizei als Grundlage zur Festnahme und zur Deportation in die Konzentrationslager. Unter Berufung auf die darin ausgesprochenen Empfehlungen verschickten die Behörden auch die »Zigeunermischlinge mit vorwiegend deutschem Blutanteil«, sogenannte »Achtelzigeuner«, in die Lager, während man selbst »Viertel-Juden« nach dem »Reichsbürger- und Blutschutzgesetz« verschonte. Die Dateien waren außerdem oft fehlerhaft oder falsch. So beurteilte Eva Justin im Januar 1942 ein 16jähriges Sintimädchen. Wegen dieses Gutachtens wurde das Mädchen im folgenden Jahr als »asoziale Zigeunerin« in Haft genommen, um in einem Konzentrationslager interniert zu werden. Die Ortspolizei schrieb dagegen an den Landrat: »Ilse Weinlich ist sehr fleißig, reinlich und ordentlich und sie soll auch weiterhin als Hausgehilfin beschäftigt werden. Als asoziale und kriminelle Minderjährige kann sie nicht bezeichnet werden.« Der Brief schloß mit den Worten, es dürfte daher »keine Veranlassung bestehen, sie in einem Jugendschutzlager unterzubringen«. Zwei Monate später war Ilse Weinlich trotzdem tot.

Ritter arbeitete außerdem über Jahre am Entwurf eines »Reichszigeunergesetzes«. 1938 sah er vor: »Unterbindung einer weiteren Vermischung zwischen Zigeunern und Deutschblütigen«, »Trennung der reinen Zigeuner von den Mischlingen«, »Sterilisation und Isolation« der Mischlinge.

Außerdem beriet er Landräte bei der Vergabe von Wandergewerbescheinen, Schuldirektoren bei Fragen der Einschulung von Roma-Kindern, Arbeitsämter bei der Vermittlung von Arbeitern, Finanzämter bei der Gewährung von Kinderbeihilfen und die Nationalsozialistische Deutsche Arbeiterpartei (NSDAP) bei der Aufnahme von Mitgliedern (es gab tatsächlich vereinzelte Parteimitglieder unter Sinti und Roma) und wirkte so auch schon vor dem Abtransport unmittelbar in das Leben der Sinti und Roma hinein. Denn eingeschult wurden Romakinder auf Ritters Rat hin meist nicht, ebenso wie die Erwachsenen kaum Arbeit oder Beihilfen bekamen. Spätestens ab 1942 beriet Ritter auch die Gesundheitsämter bei der Sterilisation und Schwangerschaftsunterbrechung von Sinti und Roma.

Mit Ritter konkurrierten auch andere Institute. Am Institut für Erb- und Rassenpflege der Universität Gießen etwa forschte Professor Heinrich Wilhelm Kranz, am Hygienischen Institut der Westfälischen Wilhelms-Universität Münster Professor Karl-Wilhelm Joetten. Am Kaiser-Wilhelm-Institut für Anthropologie, menschliche Erblehre und Genetik in Berlin interessierte sich Profes-

sor Otto von Verschuer für die »Zigeuner«, am Rassen-
kundlichen Institut in Königsberg Professor L. Loeffler.
Die Zielrichtung der Forschungen verdeutlicht »Rassen-
forscher« Adolf Würth: »Die Zigeunerfrage ist uns heute
in erster Linie eine Rassenfrage. So wie der NS-Staat die
Judenfrage gelöst hat, so wird er auch die Zigeunerfrage
grundsätzlich regeln müssen.«

Ritters Arbeiten zur »Asozialenforschung«, »Bastard-
biologie« und »Kriminalbiologie« wurden von der Deutschen Forschungsgemeinschaft gefördert, Professor
Ernst Ferdinand Sauerbruch, der im Reichsforschungsrat
saß, verwendete sich mehrfach für ihn.

3. Vorbeugehaft

Viele Deutsche müssen auf die »Endlösung der Zigeunerfrage« ungeduldig gewartet haben. Daß Sinti und Roma noch 1937 ihrem Gewerbe nachgehen durften, konnte
etwa ein württembergischer Polizei-Kommandeur über-
haupt nicht verstehen. »Wenn schon die Zigeunerfrage
vorläufig noch einer befriedigenden Lösung harren
muß«, schrieb er an den Innenminister, »so dürfte sie doch
nicht für die Zigeuner dadurch günstiger gestaltet werden,
daß ihnen Führerscheine, Zulassungen und Wandergewerbescheine erteilt werden. Die Abstammung des
Zigeuners als solche ist eine Tatsache, die die Eignung für
die Führung und Haltung von Kraftfahrzeugen sowie die
Zulässigkeit im Wandergewerbe immer ausschließen
sollte.« Noch im gleichen Jahr belegten die Machthaber
Selbständige und Beamte unter den Sinti und Roma mit
Berufsverboten und führten eine 15prozentige »Rassen-
sondersteuer« zusätzlich zur Lohnsteuer ein, »da die Zigeuner gewisse rassische Ähnlichkeiten mit Juden auf-
weisen« (die Bestimmung galt auch für Polen und Juden).
Die »Wissenschaft« hatte diese Einschätzung ebenfalls
vertreten. Die Ärztin an der Rassenhygienischen For-

schungsstelle, Eva Justin, schrieb: »Einzelne machten einen ausgesprochen jüdischen Eindruck, sowohl durch ihre vorwiegend vorderasiatisch-orientalischen körperlichen Merkmale als auch durch ihre Gestik und ihr glattes und gerissenes händlerisches Gebaren.«

Noch im selben Jahr ordnete die Regierung mit dem sogenannten *Grunderlaß* »Vorbeugungshaft« für alle an, die durch ihr »asoziales Verhalten« die »Allgemeinheit gefährden«. Damit waren auch »Zigeuner« gemeint.

Die Richtlinien im Wortlaut:

»Als asozial gilt, wer durch gemeinschaftswidriges, wenn auch nicht verbrecherisches Verhalten zeigt, daß er sich nicht in die Gemeinschaft einfügen will. Demnach sind zum Beispiel asozial:

a) Personen, die durch geringfügige, aber sich immer wiederholende Gesetzesübertretungen sich der in einem nationalsozialistischen Staat selbstverständlichen Ordnung nicht fügen wollen (z. B. Bettler, Landstreicher (Zigeuner), Dirnen, Trunksüchtige, mit ansteckenden Krankheiten, insbesondere Geschlechtskrankheiten behaftete Personen, die sich den Maßnahmen der Gesundheitsbehörden entziehen);

b) Personen, ohne Rücksicht auf etwaige Vorstrafen, die sich der Pflicht zur Arbeit entziehen und die Sorge für ihren Unterhalt der Allgemeinheit überlassen (z. B. Arbeitsscheue, Arbeitsverweigerer, Trunksüchtige).

In erster Linie sind bei der Anwendung der polizeilichen Vorbeugungshaft Asoziale ohne festen Wohnsitz zu berücksichtigen. Politische Gesichtspunkte dürfen bei der Prüfung, ob eine Person als asozial zu bezeichnen ist, in keinem Fall Platz greifen.«

Wenig später ordnete Heinrich Himmler an, arbeitsfähige männliche Asoziale zum Arbeitseinsatz ins KZ Buchenwald zu verbringen. Dabei sollten auch »Zigeuner« berücksichtigt werden.

Der Grunderlaß ordnete gleichzeitig die Erfassung aller »Zigeuner« an, die älter als sechs Jahre waren. Sie mußten sich einer rassenbiologischen Untersuchung stellen, Ehen sollten verhindert werden. Im Regierungsbezirk Arnsberg begründete ein Amtsarzt die Eheverweigerung für Roma so:

»Die Eingehung der Ehe wird nicht befürwortet, da die Braut Zigeunermischling ist und als Mischling I. Grades zu gelten hat. Der Verlobte ist erbgesund, bisher ledig und hat Anspruch auf reinrassigen Nachwuchs; er ist 42 Jahre alt und durchaus noch auf Jahre zeugungsfähig, es ist also mit Zigeunerblut untermischter Nachwuchs aus dieser Ehe zu erwarten. In der Nachkriegszeit dürfte es dem Verlobten nicht schwerfallen, eine reinrassige, deutschblütige Frau zu finden (Kriegerwitwen u. ä.).«

Ausweispapiere erhielten Sinti und Roma nur noch mit Zustimmung der Kriminalpolizei, Wandergewerbescheine und Führerschein nur noch selten. Ausländische »Zigeuner« sollten abgeschoben werden, ihre Kinder durften nicht mehr zur Schule gehen. Stellten sie doch eine »moralische Gefahr« für die anderen Kinder dar; gleiches galt auch für Sinti und Roma mit deutschem Paß.

In Artikel 1 hieß es: »Die bisher bei der Bekämpfung der Zigeunerplage gesammelten Erfahrungen und die durch die rassenbiologischen Forschungen gewonnenen Erkenntnisse lassen es angezeigt erscheinen, die Regelung der Zigeunerfrage aus dem Wesen der Rasse heraus in Angriff zu nehmen.«

»Rassenreine Zigeuner und Mischlinge« sollten getrennt behandelt werden.

4. Krieg und Deportation

Mit Kriegsbeginn verschärfte sich die Lage der Sinti und Roma weiter. Schon am zweiten Kriegstag verbot eine Verordnung das »Umherziehen von Zigeunern und nach Zigeunerart wandernden Personen« in den Grenzgebieten des Reiches. Es gab keine Wandergewerbescheine mehr, Beschwerden gegen diese Maßnahme vor den Verwaltungsgerichten waren nicht möglich. Das Reichssicherheitshauptamt sorgte sich schon im dritten Kriegsmonat um Berichte über »Zigeunerinnen, die die augenblickliche Lage ausnutzen und durch Wahrsagen erhebliche Beunruhigung in die Bevölkerung tragen«. Zahllose Roma wurden unter dem Vorwand »vorbeugende Verbrechensbekämpfung« festgenommen. Am 17. Oktober 1939 verbot das Reichssicherheitshauptamt in einem »Schnellbrief« mit dem »Festsetzungserlaß« Roma und Sinti »bis auf weiteres«, ihren Wohnort zu verlassen. Bei Zuwiderhandlung drohte Haft in Konzentrationslagern. In Nürnberg ließ die Behörde einen Sinto nach Mauthausen transportieren, weil er ohne polizeiliche Genehmigung auswärtige Bekannte besucht hatte. Eine Sinti-Familie, die aus Duisburg in die Slowakei geflüchtet war, deportierte man von dort 1941 ins Lodzer Ghetto.

Vom 25. bis zum 27. Oktober 1939 ordnete das Reichssicherheitshauptamt die Zählung aller Sinti und Roma an. Die Polizeibehörden sollten melden, ob die Erfaßten in den letzten fünf Jahren einer geregelten Arbeit nachgegangen waren, ob sich die Familie selbständig ernährt hatte, ob sie einen festen Wohnsitz hatte und ob ein Familienmitglied »arischer Abstammung« war. »Binnen kurzem« wurde in dem Schnellbrief eine Regelung der »Zigeunerfrage« angekündigt, und das »im Reichsmaßstab«. Die 21 dem Reichssicherheitshauptamt unterstellten »Zigeunerleitstellen« des Reiches hatten »besondere« Sammellager einzurichten. Die »später festzunehmenden Zigeuner« sollten »bis zu ihrem endgültigen Abtransport« untergebracht werden, lautete die Anweisung des Schnellbriefes. Die Deportation von 30.000 Sinti und Roma ins »Generalgouvernement« war damit beschlossen. Bis zu ihrem Abtransport gingen sie einer ihnen zugewiesenen Arbeit nach, durften sich noch relativ frei bewegen, waren allerdings an einen Zapfenstreich gebunden. Die Lager sollten sich durch die Arbeit der »Zigeuner« finanziell selbst tragen, die Insassen erhielten nur ein schmales Taschengeld.

Nicht nur Ritter wandte sich gegen die Deportation, weil ihm die Maßnahme nicht auszureichen schien. Auch Reichsärzteführer Leonardo Conti meinte, die Abschiebung bringe zwar für den Moment Vorteile, jedoch verhindere diese Maßnahme eine wirkliche »Radikallösung«. Radikallösung hieß für ihn Sterilisation. Im Generalgouvernement würden die »Zigeuner und Zigeunermischlinge«, die »schon von Geburt auf im Kampf und in der Überlistung von Behörden geschult« seien, sich weiter fortpflanzen und das »Zigeunerproblem« werde »statt kleiner immer größer«.

Nach dem »Umsiedlungserlaß« vom 27. April 1940 wurden 2.500 Sinti und Roma nach Polen geschickt – 1.000 aus Hamburg, Bremen und Hannover, 1.000 aus Düsseldorf und Köln, 500 aus Frankfurt und Stuttgart. Bis zum Abtransport blieben sie in Hamburg in der Fruchthalle interniert, in Köln in der Messehalle in Deutz, die

Süddeutschen auf dem Hohenasperg bei Stuttgart. Um den Transport möglichst reibungslos zu gestalten, versprach man den Sinti und Roma, jede Familie erhalte in Polen ein Haus, ein Stück Land und Vieh. Außerdem sollte darauf geachtet werden, daß die Deportation »in geschlossenen Sippen« ablaufe, also Familien nicht auseinandergerissen würden. Dies allerdings wurde nicht überall befolgt. Trotz des im Krieg eingeschränkten Personenverkehrs stellte die Reichsbahn einen Zug zur Verfügung. Der Leiter der zuständigen Polizeileitstelle notierte: »Das Entgegenkommen der Reichsbahn muß lobend erwähnt werden.«

Dieser wie viele folgende Transporte liefen noch unter dem Stichwort »Umsiedlung«. Oft wurden Familien auseinandergerissen, dann bemühten sich die zurückgebliebenen Angehörigen, ihnen nachzureisen – sogar auf eigene Kosten. Der Chef der Sicherheitspolizei erließ daraufhin am 1. April 1942 das Verbot an die regionalen Polizeidienststellen, weitere Urlaubsscheine auszustellen. Die Umsiedlung war mit der Verpflichtung verbunden, nicht mehr nach Deutschland zurückzukehren. Im Falle verbotener Rückkehr drohten Sterilisation und »polizeiliche Vorbeugungshaft (Konzentrationslager)«, so die Verhandlungsniederschrift. Nachdem sich die Deutschen aus Polen wieder zurückgezogen hatten, wollten auch vertriebene Sinti und Roma in ihre Heimatstädte zurückkehren. In Duisburg ist der Fall einer Familie bekannt, die im August 1944 sofort in ein Arbeitslager kam, um gemeinsam mit ukrainischen Zwangsarbeitern für die Mannesmann-Werke zu arbeiten.

5. Im Ghetto

Die meisten dieser Deportierten wurden in Lagern und *Ghettos* zusammengefaßt, etwa in Belzec, Kielce, Krychow, Radom und Tschenstochau. Sie mußten Straßen,

Ghetto

Ein Ghetto ist ein abgeschlossenes Stadtviertel, in dem die Gruppe einer Minderheit untergebracht ist. Erstmals wurde der Name für das venezianische Judenviertel verwendet. Mit der Judenemanzipation im 19. Jahrhundert verschwand der Begriff, es gab auch keine neuen Ghettos mehr. Erst die Nationalsozialisten richteten wieder welche ein. Bekannt wurde das Warschauer Ghetto, wo es 1943 einen Aufstand gegen die Nazis gab. In Lodz war ein Teil des jüdischen Ghettos für Sinti und Roma abgetrennt. Anders als die aus rassistischen Gründen eingerichteten Ghettos der Nazis kennt man heute Ghettos für verschiedene nationale Minderheiten in den Großstädten der USA und für soziale Minderheiten in Mittel- und Südamerika. Sie entstehen aus sozialen Gründen.

Bunker, Flughäfen und Konzentrationslager bauen sowie Schützengräben ausheben. Kranke blieben sich selbst überlassen, wer nicht mehr arbeitsfähig war, wurde erschossen.

Aus dem Ghetto in Lodz wehrte sich 1941 die Verwaltung gegen weitere »Einsiedlung« von Sinti und Roma. Vereinzelt mußten die Internierten schon in den Produktionsstätten übernachten, weil die Wohnungen dort keinen Platz mehr boten. Einer der wenigen Überlebenden berichtete davon, man habe im »Zigeunerlager« von Lodz auf dem Fußboden gelegen, sei miserabel ernährt worden und habe keinerlei Medikamente bekommen. SS-Brigadeführer Uebelhör warnte deshalb vor Seuchen, einer Auflösung des Ghettobetriebs und damit auch der Kriegsproduktion sowie vor den »Zigeunern« allgemein, die ja als »Brandstifter schlimmster Sorte« bekannt seien. Himmler warb um Verständnis und riet ihm, er solle ankündigen, bei jedem Feuer im Ghetto würden zehn »Zigeuner« erschossen. »Sie werden damit in den Zigeunern die beste Feuerwehr für das Ghetto bekommen, die einen Eifer besitzt, wie er bisher nicht vorhanden war.«

Diejenigen unter den mehr als 5.000 Sinti und Roma, die nach Lodz gebracht worden waren und die die unmenschlichen Bedingungen bis Ende 1941 überlebt hatten, wurden Anfang Januar 1942 bei Kulmhof in die Gaswagen geschickt.

6. Im »Operationsgebiet«

Im angeschlossenen Österreich, wo die Verfolgung der dort lebenden rund 10.000 Roma 1938 eingesetzt hatte, entstand das erste »Zigeunerlager« am 23. November 1940 in Lackenbach. Ein Jahr zuvor waren im Rahmen »vorbeugende(r) Maßnahmen zur Bekämpfung der Zigeunerplage im Burgenland« rund 2.000 Männer in Dachau, 1.000 Frauen in Ravensbrück interniert worden. Dort wurden sie zur Zwangsarbeit herangezogen, in Steinbrüchen, Ziegeleien und Ausbesserungswerken. Die Kinder schickten die Faschisten Österreichs in konfessionelle Fürsorgeeinrichtungen.

In annektierten Gebieten verloren Sinti und Roma in der Regel ihre Staatsangehörigkeit. In Eupen und Malmedy (Belgien) erklärte man sie zu Staatenlosen. 246 Roma aus den Niederlanden brachte die SS dagegen im Mai 1942 auf Befehl Himmlers nach Auschwitz, ebenso belgische und luxemburgische Roma. Unter den 351, die noch im Januar 1944 nach Osten deportiert wurden, befanden sich einige, denen 1934 von der dänischen Regierung die Einreise untersagt worden war. In den besetzten Gebieten Frankreichs internierte man die Roma ebenfalls, es waren 30.000 innerhalb kürzester Zeit. Die Lager standen unter französischer Verwaltung. Landwirtschaft und Industrie bedienten sich daraus mit Arbeitskräften.

So etwa Renault in Le Mans, wo 100 Männer täglich in die Fabrik gefahren wurden. Später transportierten die Besatzer die meisten Internierten nach Deutschland und anschließend in den Osten. Die Hälfte der französischen Roma und Sinti fiel der Vernichtung zum Opfer.

Je weiter die Deutschen im Osten vorstießen, desto mehr breiteten sich auch Verfolgung und Deportation aus. Hinter der Front mordeten Gestapo, SS, Feldgendarmerie, Polizei und mobile Einsatzgruppen Roma ebenso wie Juden und andere Minderheiten. Als im September 1941 die Einsatzgruppe C in Babi Jar mehr als 30.000 Juden tötete, starben mit ihnen auch Roma. Genaue Zahlen sind allerdings nicht bekannt. Aber auch die Wehrmacht, die Sinti und Roma ab Juli 1942 »aus rassenpolitischen Gründen« ausgeschlossen hatte, beteiligte sich am *Genozid*. Ein Lagebericht der Feldpolizei vom August 1942 begründete Maßnahmen gegen »Zigeuner« mit Spionageabwehr. Das »Auftauchen der Zigeuner« sei eine »ernsthafte Bedrohung für die Befriedung des Operationsgebietes«. Sie leisteten den Partisanenverbänden Helferdienste. Deshalb seien sie »schonungslos auszumerzen«.

In Osteuropa waren viele Roma seßhaft und gingen

Genozid

Genozid ist ein Begriff aus dem Völkerstrafrecht, er steht für die Ermordung völkischer, rassischer und religiöser Gruppen. Das Wort prägte der Amerikaner Raphael Lemkin. Er fand vor allem Anwendung auf die systematische Ausrottung der Juden durch das nationalsozialistische Deutschland. Sinti und Roma kämpfen in der Bundesrepublik bis heute um ihre Anerkennung und Entschädigung als rassisch Verfolgte durch die Nazis.

einem festen Gewerbe nach. Das rettete sie nicht vor der Deportation und Vernichtung, beweist aber, daß die Politik der Nazis gegen »Zigeuner« rassisch begründet war. Unterstützung in ihren Plänen fanden die Deutschen bei den faschistischen Organisationen der besetzten Länder. Von 31.000 Deportierten aus Ungarn überlebten nur 3.000. Wie die deutsche SS, so überwachten die ungarischen »Pfeilkreuzler« die Arbeitslager. Bei Hetzen in mehreren Dörfern wurden Roma in Häuser gesperrt und diese angezündet. Wer fliehen wollte, wurde erschossen. Massaker gab es auch in Polen, der Ukraine, Wolhynien, Estland, im Kaukasus, auf der Krim und in den Karpaten. In Ludza, Ostlettland, verhungerten Hunderte von Roma, eingeschlossen in einer Synagoge. In Rumänien versprach die Regierung Antonescu die »Ausmerzung« nationaler Minoritäten. Nur bulgarische Roma blieben in der Nazizeit weitgehend unbehelligt, auch wenn sie in der Erntezeit Arbeitseinsätze leisten mußten.

Die kroatischen Verbündeten erschossen »Zigeuner« in der Regel sofort. Es existieren grauenvolle Berichte über verschiedene Arten, wie Kroaten »Zigeuner« und andere Gefangene quälten und töteten. Einige der Roma wurden in die Lager von Jasenovac, Zemun und Crveni Krst transportiert. Gelegentlich sperrte man sie auch in Güterwaggons, die auf Abstellgleisen geparkt waren, bis die Eingesperrten qualvoll gestorben waren. Auf öffentlichen Plätzen und in Cafés hingen Schilder mit der Aufschrift: »Für Serben, Juden, Zigeuner und Hunde verboten.« Die »Zigeuner«, oft muslimischen (im benachbarten Bosnien-Herzegowina) oder orthodoxen Glaubens, wurden aus rassischen und auch aus religiösen Gründen verfolgt.

Die Wehrmacht tötete in Serbien für jeden deutschen Soldaten 100 Geiseln, für jeden Verwundeten 50. Unter den Exekutierten befanden sich unzählige Juden und Roma. Schon am 29. August 1942 konnte Harald Turner, militärischer Verwaltungschef in Serbien, melden: »Im

Interesse der Befriedung … ist Serbien einziges Land, in dem Judenfrage und Zigeunerfrage gelöst.« Noch bevor Himmler seinen Auschwitz-Befehl zur »Endlösung« erteilt hatte, konnten die Vergasungswagen aus Serbien nach Berlin zurückgeschickt werden.

7. Die SS übernimmt

Spätestens im Sommer 1941 zielte die nationalsozialistische »Zigeunerpolitik« unverkennbar auf Vernichtung. Himmler ließ die »Zigeuner« in »stammesechte Zigeuner« und »Zigeunermischlinge« einteilen. »Stammechter Zigeuner« war, wer mindestens drei »stammechte Zigeuner« unter seinen Vorfahren (bis zu den Urgroßeltern) nachwies. »Zigeunermischling« war, wer mindestens zwei »Zigeunermischlinge« als Vorfahren hatte. Die Mischlinge, so das rassenpolitische Amt der NSDAP, galten als besonders minderwertige Menschen. Ein Achtel »zigeunerisches Blut« zählte im Extremfall daher mehr als sieben Achtel »reines deutsches Arierblut«.

Im September 1942 besprachen Himmler und die SS-Führung »unzureichende Gerichtsurteile« gegen »asoziale Elemente«. Künftig sollten all diese nur zu Gefängnisstrafen verurteilten »Asozialen« der SS übergeben werden.

Außerdem bestand »vollkommene Einmütigkeit darüber, daß angesichts der Ziele, die die Staatsführung für die Bereinigung der östlichen Probleme gestellt hat, in der Zukunft Juden, Polen, Russen, Zigeuner und Ukrainer nicht mehr durch ordentliche Gerichte verurteilt werden, soweit es sich um Strafsachen handelt, sondern dem Reichsführer der SS übergeben werden«. Wenig später stimmte Reichsjustizminister Otto Thierack in einem Brief an Martin Bormann dem zu, weil »der Strafvollzug nur in beschränktem Maße zur Vernichtung dieser Gruppen beitragen kann«.

8. In Auschwitz

Kurz vor Weihnachten 1942 erteilte Himmler den Befehl, »zigeunerische Personen« ins Konzentrationslager von Auschwitz zu schaffen. Die Verhaftungen nahm in der Regel die Polizei vor, während die Juden vom Sicherheitsdienst abgeholt wurden. Ausgenommen waren von Himmlers Befehl zunächst Sinti und *Lalleri*, die die Nazis für »reinrassig« ansahen, sowie »sozial angepaßte«, »ehemalige Wehrmachtsangehörige«, »Rüstungsarbeiter auf wichtigem Posten«. Sie sollten vermutlich für Untersuchungen zur Erforschung der »nordisch-indogermanischen Rasse« erhalten bleiben. Bormann wehrte sich gegen diese »Sonderbehandlung« und gegen die Erlaubnis, »reinrassige Zigeuner« »frei im Lande herumziehen zu lassen«. Eine solche Maßnahme würde weder von der Bevölkerung verstanden noch von Hitler gebilligt. Die »Sonderbehandlung« wurde in der Folge rasch eingestellt.

Der erste Transport traf am 26. Februar 1943 aus dem Reichsgebiet ein, ab 7. März kamen auch solche aus den besetzten Gebieten hinzu. Die Roma durften in der Regel ihre Habe mitnehmen, wohnten gemeinsam mit der Familie und brauchten keine Häftlingskleidung zu tragen. Im ersten Jahr wurden sie keinem Arbeitskommando zugeteilt.

Lalleri

Lalleri heißt »stumme Roma«. Sie wurden so genannt, weil sie einen eigenen Dialekt sprechen. Die meisten dieser Gruppe fielen dem NS-Staat zum Opfer. Wenige, die den Terror überlebten, flüchteten vor der Sowjetarmee aus dem Sudetenland und aus Böhmen nach Deutschland.

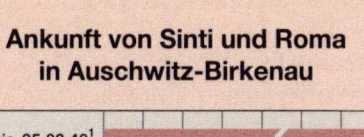

Ankunft von Sinti und Roma
in Auschwitz-Birkenau

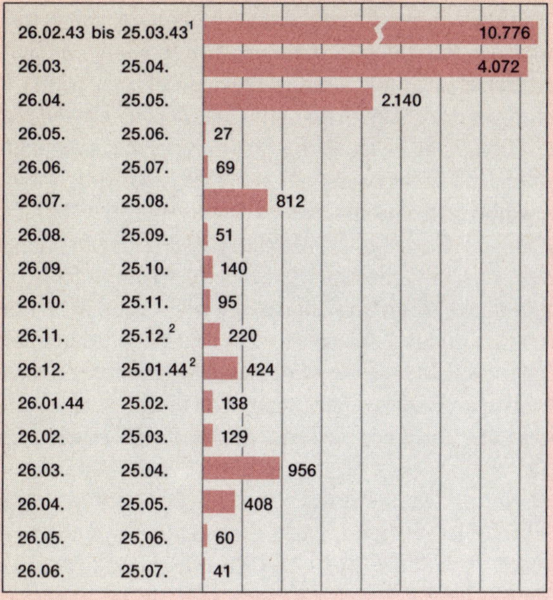

von	bis	Anzahl
26.02.43	25.03.43[1]	10.776
26.03.	25.04.	4.072
26.04.	25.05.	2.140
26.05.	25.06.	27
26.06.	25.07.	69
26.07.	25.08.	812
26.08.	25.09.	51
26.09.	25.10.	140
26.10.	25.11.	95
26.11.	25.12.[2]	220
26.12.	25.01.44[2]	424
26.01.44	25.02.	138
26.02.	25.03.	129
26.03.	25.04.	956
26.04.	25.05.	408
26.05.	25.06.	60
26.06.	25.07.	41

[1] plus 1.700, sofort ohne Nummer vergast
[2] geschätzt

In Auschwitz existierte neben dem Konzentrationslager für jüdische Internierte ein eigenes »Zigeunerfamilienlager«: Auschwitz-Birkenau, auch Auschwitz II genannt. Das Gelände war etwa 1.000 Meter lang und 80 Meter breit. In zwei Reihen standen jeweils 20 Baracken, jede »für 52 Pferde oder 550 Häftlinge«. Die Abteilung BIIe, in der die Sinti und Roma untergebracht waren, wurde im Juli 1943 von einem elektrisch geladenen Zaun vom übrigen Lager abgetrennt. Innerhalb dieses Areals lebten männliche Häftlinge im Alter von zwei Monaten

(Stefan Czernikiewicz, Nr. 7785) bis 90 Jahren (Alfred Brandt, Nr. 1737), weibliche von einem Monat (Viktoria Ditloff, Nr. 8502) bis 110 Jahren (Hanna Tomaszewicz, Nr. 8769). Im Lager kamen auch Kinder zur Welt. Wie die »Asozialen« wurden die Sinti und Roma durch einen schwarzen Winkel gekennzeichnet, meist auch durch das Zeichen »Z«. Unter ihnen befanden sich Kriegsteilnehmer mit Auszeichnungen, die ihre Orden teilweise auf ihrer Häftlingskleidung trugen, und vereinzelt auch Mitglieder der NSDAP.

Die hygienische Situation in BIIe entwickelte sich katastrophal. Mehr als durch SS-Aufseher ermordet, starben die inhaftierten Roma an Krankheiten. In den 17 Monaten, die Auschwitz-Birkenau existierte, fanden über 17.000 Sinti und Roma aus elf europäischen Ländern den Tod. 32 wurden bei Fluchtversuchen erschossen, 5.000 erstickten im Gas, 11.700 starben als Opfer der »Lagerumstände«, darunter auch die meisten der 361 im Lager

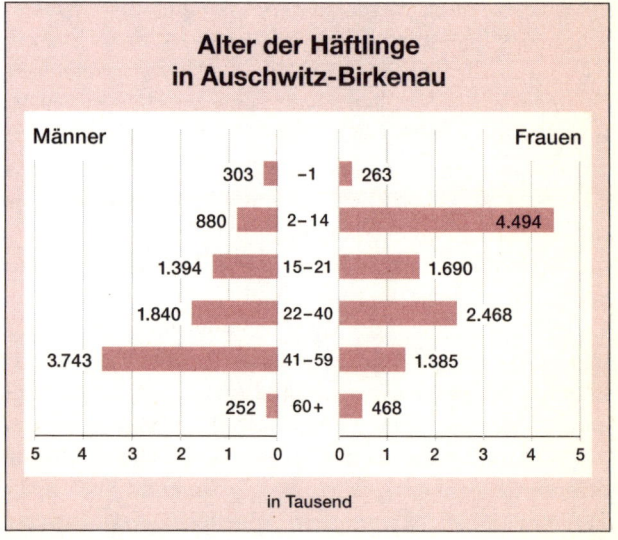

Alter der Häftlinge in Auschwitz-Birkenau

Männer		Frauen
303	–1	263
880	2–14	4.494
1.394	15–21	1.690
1.840	22–40	2.468
3.743	41–59	1.385
252	60+	468

in Tausend

geborenen Kinder. 4.300 wurden vor allem in den letzten Tagen als Arbeitsfähige in andere Lager gebracht.

Als die NS-Machthaber Auschwitz am 2. August 1944 auflösten, brachten sie noch in den letzten Nächten 4.000 Sinti und Roma um. Im Herbst 1944 konnte das Hauptamt für Volkstumfragen zufrieden auf die Einführung eines »Zigeuner-Sonderausweises« verzichten. Der größte Teil dieses Personenkreises, hieß es, sei bereits »in die Zigeunerlager überführt worden«.

Auch in anderen Konzentrationslagern waren Sinti und Roma interniert. In Bergen-Belsen etwa starb mit mehreren 1.000 Mitgliedern seines Volkes Roma-Führer Luluvo la Sidako, der als König Josef XIII. bekannt war. Schon 1936 wurden in Dachau »Zigeuner« inhaftiert, weil sie »asoziale Elemente« seien. In Mauthausen, Neuengamme, Treblinka, Belzec, Deutmergen, Groß-Rosen, Gusen, Natzweiler, Niederhagen, Rechlin, Sobibor, Stutthof, Theresienstadt und Zwodau waren nachweislich ebenfalls Roma interniert.

Genaue Zahlen allerdings existieren über die Deportation und Vernichtung von Roma nicht. Es blieben keine Häftlingsbücher erhalten, wie jene, die von polnischen Gefangenen in Auschwitz vergraben worden waren. In Buchenwald waren schon von Juni 1938 an mehrere 1.000 Roma inhaftiert. Bereits vor Ausbruch des Krieges wird über ausgesprochen unmenschliche Praktiken berichtet: »Der Kommandant Koch ließ einen ›Asozialen‹, der zu flüchten versucht hatte, in eine Holzkiste stecken, deren offene Seite mit Stacheldraht bedeckt wurde. Der eingefangene Flüchtling konnte nur zusammengekrümmt sitzen. Dann ließ Koch von außen lange Nägel in die Wände schlagen, die bei der geringsten Bewegung dem Opfer in das Fleisch eindrangen. In diesem Käfig wurde der Mann, ein Landarbeiter, vor dem stehenden Lager zur Schau gestellt. Er erhielt nichts zu essen und blieb zwei Tage und drei Nächte auf dem Appellplatz. Sein entsetzliches Schreien hatte nichts Menschliches mehr an sich. Am Morgen des dritten Tages wurde er endlich durch eine Giftinjektion von seinem Jammer erlöst.«

Eine halbe Million Sinti und Roma starben in den Konzentrationslagern, bei Massenerschießungen und Pogromen, schätzt der Tsiganologe Joachim S. Hohmann. Sein britischer Kollege Donald Kenrick spricht von 277.200. Allerdings: »Wäre das Verbrechen an den europäischen Zigeunern kleiner, wenn die Zahl der Opfer geringer wäre?« fragt Hohmann zu Recht.

Herkunft der im KZ getöteten Sinti und Roma

Jugoslawien	90.000
Rumänien	36.000
Polen	35.000
UdSSR	35.000
Ungarn	28.000
Frankreich	15.150
Deutschland	15.000
Österreich	6.800
Böhmen	6.500
Slowakei	3.000
Lettland	2.500
Estland	1.000
Italien	1.000
Litauen	1.000
Holland	500
Belgien	400
Luxemburg	200
Griechenland	50

9. Unmenschliche Mediziner

In den Konzentrationslagern nutzten Nazi-Wissenschaftler die »Zigeuner« auch für medizinische Experimente. Reichsärzteführer Conti fand, »in Kriegszeiten, wo Millionen der Besten und völlig Unschuldigen ihr Leben opfern« müßten, müsse man »auch vom Gemeinschaftsschädling seinen Beitrag zum allgemeinen Wohl fordern«. Und so injizierten seine Medizinerkollegen in Natzweiler Typhus- (Eugen Haagen), in Buchenwald Fleckfiebererreger, in Dachau Salzwasser. Unmenschliche Mediziner, wie Siegmund Rascher in Dachau, experimentierten mit Höhen- und Unterkühlungsversuchen für das Reichskriegsministerium, der Arzt Beiglböck mit Meerwasser, andere Mediziner nahmen Massensterilisationen mit Röntgenapparaten vor. In Natzweiler forschte Professor Hirt mit Giftgas. In Ravensbrück nahm der Mediziner Lucas Sterilisationsexperimente an Männern und Frauen vor – teilweise ohne Betäubung und schon bei Jungen und Mädchen ab zwölf Jahren. In Sachsenhausen mußten Roma als Versuchspersonen für Senfgasexperimente herhalten. In Auschwitz betrieb der Lagerarzt Josef Mengele auch an Sintikindern seine Zwillingsforschung. Organe von Zwillingskindern schickte er an das Kaiser-Wilhelm-Institut in Berlin, das heute Max-Planck-Institut heißt. Von dort bedankte man sich bei der Lagerleitung von Auschwitz für das »Forschungsmaterial«.

IV. Nach 1945: Die Diskriminierung setzt sich fort

Nicht nur unter Juristen, Medizinern oder auch Journalisten konnten die Täter aus der Nazizeit ihre Arbeit weiterführen. Noch in der Bundesrepublik galten für den Genozid Verantwortliche als »Zigeunerexperten«, ohne zur Rechenschaft gezogen worden zu sein. Sie setzten die alte Politik unter neuem Namen fort. Sinti und Roma mußten dagegen meist vergeblich um angemessene Entschädigungszahlungen kämpfen. Kommunen weigerten sich, ehemalige Einwohner wieder aufzunehmen, staatliche Behörden verzögerten die erneute Erteilung der deutschen Staatsbürgerschaft. Begründet wurde der Widerstand gegen Roma und Sinti mit altbekannten Vorurteilen, etwa der Neigung zum Diebstahl und zur Gewalt. Dabei weisen Kriminalstatistiken aus, daß Sinti und Roma keineswegs gefährlicher sind als andere.

1. Behörden: Gefahr im Verzug

Nach dem Zweiten Weltkrieg führten sogenannte Landfahrerzentralen die Erfassung der Sinti und Roma fort. In Hamburg wurden Personen-, Lichtbild-, Zigeunernamen-, Merkmals- und Kraftfahrzeugkarteien angelegt. In den Merkmalskarteien waren mehrstellige Nummern erfaßt: dieselben, die die SS den Sinti und Roma in den Konzentrationslagern eintätowiert hatte. Auch das Landeskriminalamt Baden-Württemberg gab nach dem Krieg einen »Leitfaden zur Bekämpfung des Zigeunerunwesens« heraus, der den Beamten bis zur »endgültigen Lösung des Zigeunerproblems«, so das im Diktus der Nazis gehaltene Begleitschreiben, eine vorläufige Hilfe sein soll.

In Bayern wollten einige CSU-Abgeordnete 1951 sogar die Wiedereinführung des 1947 von den Militärbehörden aufgehobenen »Zigeuner- und Arbeitsscheuengesetzes«. 1953 entstand die »Bayerische Landfahrerverordnung«, die sich kaum vom »Zigeuner- und Arbeitsscheuengesetz« von 1926 unterschied. Reisen war zwar erlaubt, ein Landfahrerbuch aber mußte geführt werden, das Fingerabdrücke enthielt. Für Messer und Hunde mußten Sondererlaubnisscheine beantragt werden. »Gefahr im Verzug«, unterstrichen die Ausführungsbestimmungen, »kann im Hinblick auf die Landfahrereigenschaft in der Regel unterstellt werden.« Den meisten Sinti und Roma hatten die Nazis ihren Paß entzogen. Sie waren staatenlos geworden. Bis weit in die siebziger Jahre hinein weigerten sich deutsche Behörden, den Überlebenden die Staatsbürgerschaft zurückzugeben.

2. Gerichte: Keine Entschädigung

Der Bundesgerichtshof (BGH) erteilte 1956 Wiedergutmachungsforderungen von Sinti und Roma eine Absage. Das Gericht beurteilte die Umsiedlungsmaßnahmen nach Polen im Jahr 1940 als »keine nationalsozialistische Gewaltmaßnahme aus Gründen der Rasse«. Sie wären »ihrem Wesen nach nicht als spezifisch rasseverfolgende« Maßnahmen zu bewerten, sondern »noch im Rahmen polizeilicher Vorbeugungs- und Sicherungsmaßnahmen«. Weil der Schnellbrief (»Festsetzungserlaß«) zu Beginn des Krieges ergangen war, könne daraus geschlossen werden, daß die »Beschränkung der Bewegungsfreiheit der Zigeuner im Zusammenhang mit den durch den Krieg geschaffenen Verhältnissen« gestanden habe. Selbstverständlich widerspreche die Umsiedlungsaktion rechtsstaatlichen Grundsätzen, und sie sei auch als grausam und unmenschlich zu bezeichnen. Die nationalsozialistischen Machthaber hätten aber, so argumentierten die Richter des BGH, ungezählte unmenschliche Gewaltakte begangen, die ebenfalls keine Ansprüche auf Entschädigung begründen können. Der BGH hob damit eine vorinstanzliche Entscheidung auf, nach der einer 1940 nach Polen deportierten Roma-Frau Wiedergutmachung zustand.

Das baden-württembergische Landesamt für Wiedergutmachung hatte dies schon 1950 so gesehen. Sinti und Roma seien wegen ihrer »asozialen und kriminellen Haltung verfolgt und inhaftiert worden«, meinte man in dieser Behörde die Maßnahmen der Nazis rechtfertigen zu müssen. Die Androhung von KZ und Sterilisation sei außerdem »nur ein Mittel« gewesen, so das Gericht 1959, »die deportierten Zigeuner möglichst wirksam von einem Verlassen ihres Deportationsortes abzuhalten«. Beraten wurden die Landesämter damals von Gutachtern, die häufig auch jene »Experten« waren, die Sinti und Roma ins Konzentrationslager gebracht hatten.

Erst das Landgericht Kiel leitete 1960 aus der »Umsiedlungsaktion« das Recht auf Entschädigungsansprüche ab, und auch der BGH revidierte 1963 sein früheres Urteil in Teilen. Schon ab Dezember 1938, so das Gericht nun, könnten rassische Gründe »mitursächlich« für Deportationen gewesen sein. Viele Anspruchsberechtigte waren zu dieser Zeit aber bereits gestorben oder hatten unanfechtbare negative Bescheide erhalten.

Der Völkermord an Sinti und Roma blieb somit bis Ende der siebziger Jahre nahezu unbeachtet. Diffamierung und Rassismus setzten sich im Gegensatz zu dem gegen Juden ungehindert und offen fort. In Bad Hersfelder Lokalen wurde noch 1980 »Zigeunern« der Zutritt verboten. Erst eine Gedächtniskundgebung auf dem Gelände des ehemaligen Konzentrationslagers Bergen-Belsen und ein Hungerstreik mehrerer Sinti und Roma auf dem Lagergelände Dachau im April 1980 machten diesen bisher verschwiegenen Holocaust bekannt.

Die Justiz blieb trotzdem ihrer Linie treu. 1985 lehnte

die Generalstaatsanwaltschaft Karlsruhe eine Klage des Zentralrats der Sinti und Roma gegen die örtliche Polizei ab. Diese hatte in einer Zeitungsanzeige gewarnt: »Gangster, Gauner und Ganoven, Heiratsschwindler, Zigeuner und verkrachte Existenzen, sie alle wollen nur ihr Bestes, nämlich Ihren Schmuck, Ihre Wertsachen und Ihr Geld.« Das Gericht begründete seine Ablehnung so: Mit »Zigeunern« seien nicht die Mitglieder einer bestimmten Volksgruppe gemeint, sondern allgemein vagabundierende Menschen. Roma und Sinti hätten somit keinen Grund, sich in ihrer Menschenwürde verletzt zu sehen.

3. Polizei: Konsequent gegen Landfahrer

Auch Polizeibeamte ergriffen häufig ungerechtfertigte Maßnahmen: Westdeutsche Grenzschützer koppelten 1959 in Büchen von einem Zug Eisenbahnwaggons ab, in denen 300 Roma aus Oberschlesien nach Deutschland gebracht werden sollten. In Karlsruhe stürmten 1979 100 Beamte mit Maschinenpistolen 24 Wohnanhänger von 100 Roma. Das Ergebnis der Razzia fiel mager aus: Ein Pkw hatte abgefahrene Reifen, bei dreien war die internationale Zulassung abgelaufen.

Das harte Vorgehen der Beamten erklärt sich aus der Art, wie sie geschult wurden. In Polizeiseminaren machte lange Zeit das Wort von der »Landfahrerplage« die Runde. Junge Beamte hörten, daß »Landfahrer« stets bewaffnet seien und mit allen Mitteln versuchten, die Polizei zu täuschen. Kontrollen sollten deshalb nicht einzelne Beamte durchführen (»auch an den Diensthund denken«), rieten die Lehrbücher, und man solle sich nicht auf Diskussionen einlassen (»Vorhaben konsequent durchführen«). Brutale Methoden bei Razzien waren die Folge dieser Ausbildung. Mindestens 14 Sinti und Roma wurden von 1945 bis 1980 von Polizeibeamten erschossen.

In den offiziellen Schriften der Polizei finden sich nach

1945 Aufsätze, die denen aus der Nazizeit gleichen. 1949 schrieben zwei Kriminalkommissare in der »Polizeizeitung«: »Der echte Zigeuner neigt zum Betteln, Diebstahl und Betrug und will ohne ordentliche Arbeit auf Kosten anderer leben.« In der Zeitschrift »Polizeipraxis« warnte ein württembergischer Oberwachtmeister vor falschen Hemmungen bei Razzien, falls sich »Zigeuner bei Kontrollen auf ihre Verfolgung berufen, um den Polizeibeamten vor einem Einschreiten abzuhalten«. Religion kenne der »Zigeuner so wenig, daß Gott und der Teufel eigentlich dasselbe ist«. Sein Handeln sei immer instinktiv. »So verschieden die Zigeuner von anderen Menschen sind, so ähnlich sind sie auf der ganzen Welt untereinander. Wer ein Dutzend von ihnen kennt, der kennt sie alle.« Die Vorurteile waren auch nach dem Krieg dieselben geblieben.

Der Leiter einer Düsseldorfer Sonderkommission benutzte 1962 in der Zeitschrift »Kriminalistik« sogar ganz offen nationalsozialistisches Vokabular: Bei der von ihm beobachteten Gruppe handle es sich um »Zigeunermischlinge mit Elternteilen deutschblütiger, jüdischer, aber auch kombinierter Zusammensetzung, letztlich also Mischvolk aus drei Blutstämmen, bei denen – biologisch unterstellbar – ein Konzentrat negativer Erbmasse zu verzeichnen sein dürfte (Verschlagenheit, Hinterhältigkeit, Brutalität, Trunksucht, Selbstmordneigung usw.)«.

Um dem Vorwurf von fortgesetztem Rassismus zu begegnen, änderten die Landeskriminalämter in der Folgezeit die Begriffe. Die Frage »Zigeuner: ja – nein« auf dem bundeseinheitlichen Formblatt KP 21 wurde ab September 1960 durch die Frage »Landfahrer: ja – nein« ersetzt. Später sprach man von Personen mit »eingewurzeltem Hang zum Umherziehen« und »ständig wechselndem Aufenthaltsort«.

Jähzornig, gefährlich, stets bewaffnet, kriminell – dieses Bild hatten viele Polizisten von den Sinti und Roma.

Welcher Art von Kriminalität sich »die Landfahrer« schuldig machen, beschrieb ein Oberwachtmeister aus Böblingen:

»1. Das Reisen in Horden
2. Das zigeunermäßige Lagern in Ortschaften
3. Wahrsagerei, Kartenschlagen und dergleichen
4. Verstöße gegen die Vorschriften zum Schutze vor Feuergefahr
5. Verfehlungen gegen die feldpolizeilichen Bestimmungen
6. Zuwiderhandlungen gegen die Forstgesetze
7. Verstöße gegen die Verkehrsvorschriften
8. Verfehlungen gegen die Vorschriften der Verwendung von Tieren
9. Verfehlungen gegen die Seuchenbestimmungen
10. Verstöße gegen die Ausweispflicht, Personenstandsangaben, Schulpflicht, Impfpflicht usw.«

In der Kriminalstatistik des Bundesinnenministeriums wurde 1967 nur ein verschwindend geringer Anteil an »Landfahrern« unter den »als Täter polizeilich festgestellten Personen« verzeichnet. Er lag bei 0,1 Prozent. Im Zusammenhang von illegalem Waffenbesitz, Schußwaffengebrauch, Raub und Totschlag tauchen Sinti und Roma in der Statistik so gut wie gar nicht auf. Unter den oben genannten kleinen Vergehen sind sie dagegen, wie andere Gruppen auch, vertreten. Als »besonders« kriminell können Sinti und Roma damit nicht genannt werden.

4. Gemeinden: Gegen Rückkehr

Die Sinti und Roma kehrten aus den Konzentrationslagern im Osten in ihre Heimatorte zurück. Doch dort waren sie nicht willkommen. Im Gegenteil: »Ich bin strikt dagegen, daß die Zigeuner wieder in Dorfesnähe angesiedelt werden«, schrieb ein Pfälzer Bürgermeister seinem Landrat. »Es würden wieder dieselben Zustände wie vor 1939 entstehen«, warnte er. Damals waren die Sinti aus seinem Dorf mit dem ersten Transport »nach dem Generalgouvernement« geschickt worden. »Die Zigeuner wollen sich auf Kosten anderer ernähren; da muß man wahrhaft alle Humanität ausschalten.« Abschließend wollte er »nochmals betonen, daß ich eine Niederlassung der Zigeuner im Hahnenbachtal und in Dorfesnähe nicht dulden und dies mit allen Mitteln, die mir zur Verfügung stehen, zu verhindern suche. Der Bürgermeister«. Blieben Roma und Sinti dennoch, griffen die Behörden in den meisten Gemeinden der Bundesrepublik zur gleichen Strategie, um sie zu vertreiben. Es gab dann häufige Polizeirazzien, wobei bewaffnete Beamte das Gelände umstellten. Oder aber Sozialhilfe wurde verweigert (in Gelsenkirchen gab es 1978 für Roma und Sinti Sozialhilfe nur noch tagweise); gewährte man sie dennoch, war sie häufig mit unterbezahlter Arbeit (eine bis zwei Mark pro Stunde) verbunden. Außerdem stellten die Gemeinden oft auch den nächstgelegenen öffentlichen Wasserhahn ab. Die Folge: Roma und Sinti ziehen es schließlich vor, den ungastlichen Ort freiwillig zu verlassen. Der SPD-Oberbürgermeister von Darmstadt, Günther Metzger, vertrieb 1983 vier Roma-Familien mit besonders drastischen Maßnahmen: Als die Familien aus dem Urlaub zurückkehrten, waren ihre Häuser samt Mobiliar und Kupferwerkstatt niedergerissen worden.

Die Sozial- und Wohnungspolitik der Städte und Gemeinden bezeichnet der deutsche Tsiganologe, Joachim S. Hohmann, als »eine Art Verfolgung mit anderen Mitteln«. Sinti und Roma wurden nach dem Krieg in Ghettos an Müllhalden und in Industriegebieten abgeschoben. Man sprach von »Übergangslösungen«. Doch aus der Bevölkerung kam in den sechziger und siebziger Jahren oft genug die Forderung, um diese Elendsviertel doch Stacheldraht zu spannen, eine Polizeistation darin zu errichten und das ganze Areal nachts mit Scheinwerfern zu beleuchten. Noch heute leben Sinti und Roma oft in Bauwagen oder einfachen Baracken am Rand von Dörfern und Städten. Einzelne Gemeinden helfen allerdings auch beim Bau von Wohnhäusern, wie etwa Landau/Pfalz 1984. In Straubing entstand mit Unterstützung des Freistaates ein Projekt, dem auch Schul- und Vorschulbetreuung für Sinti-Kinder angeschlossen sind.

5. Keine Strafe für die Täter

Fast alle »Zigeunerfachleute« arbeiteten nach 1945 wieder in ihrem Fachgebiet, oft als Gutachter bei Wiedergutmachungsanträgen. Sie machten die Opfer regelrecht zu Tätern. So wurde die Flucht vor den Nazis in die Illegalität, das Vorzeigen von gefälschten Papieren zum Schutz vor Deportation als krimineller Akt gewertet und gegen die Antragsteller ins Feld geführt. Die eigenen Verfehlungen der selbsternannten Experten aber erscheinen auf diese Weise als gerechtfertigte Maßnahmen des Nazistaates gegenüber Kriminellen. Beim Bayerischen Landeskriminalamt wurde 1945 Josef Eichberger als Leiter der »Zigeuner«-Abteilung eingesetzt. Bis 1945 war er beim Reichssicherheitshauptamt für die Transporte der Sinti und Roma in die Konzentrationslager verantwortlich. Von der »Zigeunerleitstelle« des ehemaligen Reichssicherheitshauptamtes übernahm er die Akten und auch das Personal: Hans Eller, Georg Geyer und August Wutz. Später stieß noch Rudolf Uschold dazu. Ab 1953 hieß die Abteilung »Landfahrerzentrale«. Eller warnte 1954 in der »bayerischen Polizeizeitung«: »Bei ihren Geschäften versuchen sie immer wieder, ihre Kunden zu übervorteilen. Fest steht auf alle Fälle, daß noch keiner bei einem Handel mit Zigeunern etwas verdient hat.« Kollege Geyer bedauerte 1957, ebenfalls in der »Polizeizeitung«: »Alle Maßnahmen und Verfolgungen haben den Lebenswillen der

Zigeuner nicht zu brechen vermocht.« Robert Ritter, der ehemalige Chef des »Rassenhygienischen Forschungsinstituts«, arbeitete nach dem Krieg bis zu seinem Tod im Jahr 1951 als Amtsarzt in Frankfurt, ohne jemals belangt worden zu sein. Er leitete dort die Fürsorgestelle für Gemüts- und Nervenkranke sowie die Jugendpsychiatrie. Dorthin holte er 1948 seine ehemalige Mitarbeiterin Eva Justin nach, die eine Stelle als Kriminalpsychologin erhielt. Leo Carstens, der ehemalige SS-Mann und Leiter der Berliner Zigeunerzentrale, arbeitete bei der Kriminalpolizei in Ludwigshafen und als Sachverständiger bei den Wiedergutmachungsbehörden. Die ehemalige Mitarbeiterin Ritters, Sophie Erhardt, setzte ihre Universitätskarriere in Tübingen auch nach 1945 fort. Bis 1981 lagen bei ihr die »Zigeunerakten« aus dem Institut Ritters. Erhardt forschte damit weiterhin über die »Handleistensysteme der Zigeuner«.

Keine der Ermittlungen gegen Ritter und Justin wegen der Mitverantwortung für die Deportation der Sinti und Roma führte zu einer Gerichtsverhandlung. Die Staatsanwaltschaft Frankfurt glaubte Ritter 1948 die Aussage, nur bis 1942 Rassenforschung betrieben und mit den Deportationen nach Auschwitz nichts zu tun gehabt zu haben. Im späteren Verfahren gegen Eva Justin trat Herrmann Arnold als Entlastungszeuge auf. Arnold galt nach dem Krieg als der größte »Zigeunerexperte«. Er soll nach Zeugenaussagen schon Anfang 1938 in der Pfalz für Ritter Rassengutachten erstellt haben.

Auch ein Verfahren gegen Leo Carstens stellte die Staatsanwaltschaft Frankfurt ein. Er habe aus seiner Dienststellung heraus den Zweck des Auschwitz-Erlasses nicht erkennen können. Dieselbe Begründung wurde auch für die Freisprüche von Heinrich Böhlhoff, Josef Eichberger, Hans Maly, Johannes Otto und Karl-Wilhelm Supp herangezogen.

Von Himmlers Plänen und den Tötungen in den Kon-

zentrationslagern wußten nach Meinung der Staatsanwaltschaft Stuttgart weder Sofie Erhardt noch Adolf
Würth, beide ehemalige Mitarbeiter von Ritter. Gegen
den Blockführer des »Zigeunerlagers« Auschwitz-Birkenau, den SS-Mann Ernst August König, ermittelte die
Staatsanwaltschaft des Landgerichts Siegen bis 1987. Der
Anwalt des Angeklagten vertrat dort die Meinung, die
Taten Königs seien verjährt. Die Staatsanwaltschaft Bo-
chum stellte 1952 ein Verfahren gegen den Lagerarzt
Helmut Rühl ein, bei Wiederaufnahme 1983 war Rühl
nicht mehr verhandlungsfähig. In Metz/Frankreich wurde
Rühl dagegen 1952 von einem Militärgericht in Abwe-
senheit zum Tode verurteilt.

6. Wiedergutmachung

Weil ihre Ansprüche lange Zeit von denjenigen beurteilt
wurden, die sie (mit)verursacht hatten, stritten die Betroffenen meist vergeblich um Wiedergutmachung. Beispielsweise Anna Eckstein, die am 23. Mai 1940 unter der
Nummer 2181 ins Generalgouvernement deportiert worden war. Elf Jahre später stellte sie in Karlsruhe einen
Antrag auf Wiedergutmachung. Sie erhielt eine Vorla-
dung zur Polizei. Als sie den Raum betrat, empfing sie ein
Mann, der ihr bekannt war: Leo Carstens, SS-Mann aus
dem Reichssicherheitshauptamt. Sie wurde wieder erken-
nungsdienstlich behandelt. Ihre Fingerabdrücke stimm-
ten mit denen überein, die dem rassenbiologischen Gutachten Nr. 1459 vom 27. Juni 1941 beilagen. Demzufolge
lehnte man ihren Antrag ab mit der Begründung: »Die
Eckstein ist mit ihrem Ehemann im Jahre 1940 nach Polen
aus Sicherheitsgründen evakuiert worden.«
  Rosa Mettbach gelang die Flucht aus dem Ghetto in
Lodz. Mutter und Schwester kamen dort ums Leben. Mit
falschen Papieren wurde sie im September 1944 in München verhaftet. Der Kriminalbeamte August Wutz brachte

sie persönlich zum Transport ins Lager Auschwitz-Birkenau. Ihre Anträge auf Wiedergutmachung lehnte das Gericht ab. Bei der Verhandlung erschien als Gutachter August Wutz. Die Richter kamen zu dem Schluß, Rosa Mettbach hätte als »reinrassige Sinti-Zigeunerin« nach Himmlers Willen nicht ins Konzentrationslager eingeliefert werden dürfen. Daß dies trotzdem geschehen sei, spreche für die asoziale und kriminelle Persönlichkeit der Klägerin. Georg Geyer, ebenfalls beim Reichssicherheitshauptamt tätig gewesen, hatte zuvor die Ablehnung durch die Wiedergutmachungsbehörde so begründet. »Eine rassische Verfolgung der Mettbach kann keinesfalls bejaht werden. Sie ist vielmehr als asoziale, wenn nicht gar kriminelle Zigeunerin zu bezeichnen. Ihre Einweisung in ein KZ-Lager wurde ihr wegen ihrer Wahrsagereien und Gaukeleien wiederholt angedroht. Sie hätte es zum damaligen Zeitpunkt auch in der Hand gehabt, durch entsprechendes Verhalten eine Einweisung zu vermeiden.« 1967 sprach man ihr in einem Vergleich trotzdem 1.500 Mark Haftentschädigung zu. Erst seit 1987 erhält Rosa Mettbach eine Rente von monatlich 515 Mark.

Wolf Biermann beschreibt in dem von Tilman Zülch herausgegebenen Band: »In Auschwitz vergast, bis heute verfolgt« die Geschichte von »Goldschabi Rosenberg«:

»Ein alter Hamburger braucht Geld. Goldschabi Rosenberg ist ein Hamburger Zigeuner. Aber er lebt noch. Er lebte schon immer hier. Außer damals, die paar Jahre in Polen. Eines schönen Tages fuhr er dorthin, ohne Fahrkarte, im Viehwagen, unter Aufsicht der SS. Der Mann kann nicht anerkannt werden. Opfer des Faschismus ist so einer nicht, sagen die im Amt. Wiedergutmachung kriegt der keine, sagen die im Amt. Herr Rosenberg, seien wir einmal ehrlich: Wir waren doch damals gar nicht im KZ, nicht wahr, Herr Rosenberg; sagen die auf dem Amt zu Goldschabi Rosenberg. Und der Alte verschluckt ein paar Flüche in seiner anderen Sprache und geht nicht wieder hin. Es stimmt: er war gar nicht eingesperrt im KZ. Goldschabi Rosenberg hat die KZs selbst gebaut. Wenn eins fertig war, dann das nächste. Mit eigener Hand Pfähle eingegraben, Stacheldraht gezogen mit eigener Hand, eigenhändig Baracken aufgebaut, im Trupp mit anderen Zigeunern. Und dann weiter, unter Aufsicht der Posten von der SS. Eingezäunt war er nur von den Schüssen, die nicht ihn trafen. Zigeuner sind frech. Der hat noch immer nicht genug. Hat Kazetts gebaut und will noch Geld dafür.«

Willi Franz aus Göttingen war eineinhalb Jahre in Buchenwald inhaftiert. Seine Anträge wurden 1955 und 1956 abgelehnt. Die Begründung des Regierungspräsidenten von Hildesheim: Wäre Willi Franz »rassisch« Verfolgter gewesen, hätte man ihn schon im März 1943 nach Auschwitz geschickt. Er sei aber erst im Oktober 1943 nach Buchenwald gebracht worden, woraus geschlossen werden könne, daß er dort als Krimineller eingeliefert worden sei. Auch ein Antrag beim Bundesfinanzminister auf Unterstützung aus dem *Wiedergutmachungsdispositionsfonds* von 1981 blieb erfolglos. Nur wenigen Sinti und Roma gelang es, Wiedergutmachungsansprüche durchzusetzen. Der Aufbau einer Existenz nach dem Krieg war den meisten damit erschwert.

In einer Pressedokumentation zur »Situation der Roma in Deutschland seit der Wiedervereinigung« klagt der Roma National Congress (RNC) die Bundesrepublik heftig an:

»Keine bundesdeutsche Regierung von Adenauer bis Kohl hat bislang versucht, den Völkermord an unserem Volk auch nur ansatzweise wiedergutzumachen. Bis auf ein paar halbherzige Lippenbekenntnisse wurde nichts unternommen, um die von Deutschen begangenen Greueltaten an unserem Volk wiedergutzumachen.«

Helmut Schmidt war einer der ersten, der den Völkermord an Sinti und Roma auch so nannte. Im März 1982 sagte er in einer Regierungserklärung: »Den Sinti und

Wiedergutmachungsdispositionsfonds

Weil die bundesdeutsche Regierung erkannt hatte, daß auch Sinti und Roma Verfolgte des Nazi-Regimes waren, beschloß der Bundestag 1981 eine Regelung für Härtefälle. 100 Millionen Mark wurden für Entschädigungen bereitgestellt. 20 Millionen davon verwaltet der Bundesfinanzminister im sogenannten Wiedergutmachungsdispositionsfonds. In den ersten fünf Jahren vergaben die Minister davon eine halbe Million Mark, das sind jährlich 25 Renten in Höhe von durchschnittlich 500 Mark. Der Fonds reicht bei dieser spärlichen Vergabe für 130 Jahre. Dem Regierungspräsidenten von Köln stehen aus derselben Regelung 80 Millionen Mark zur Verfügung. Er kann einmalige Auszahlungen in Höhe von maximal 5.000 Mark für Geschädigte in besonderer Notlage leisten. Ein Rechtsanspruch besteht allerdings nicht. Sinti und Roma werden bei den Beratungen über die Vergabe dieser Gelder nicht hinzugezogen. Der Zentralrat Deutscher Sinti und Roma nennt die Härteregelung deshalb »die neue Härte«.

Roma ist durch die NS-Diktatur schweres Unrecht zugefügt worden. Sie wurden aus rassischen Gründen verfolgt. Diese Verbrechen sind als Völkermord anzusehen.«

Seit dem Fall der Mauer in Deutschland und der Auflösung des Sozialismus in Osteuropa stellt der RNC einen Rückfall in vergangene Zeiten fest: »Seit der Wiedervereinigung praktiziert die deutsche Regierung, wie man ›Vergangenheit durch fortgesetztes Unrecht‹ bewältigt.« »Rassismus in reinster Form« werfen die RNC-Funktionäre der deutschen Regierung in Bonn vor, weil
– deutsche Verwaltungen täglich heimat- und staatenlosen Roma eine Staatsbürgerschaft zuordneten, um sie

im Rahmen der »Reintegrationsprogramme« in beliebige Vertragsstaaten abschieben zu können;
- die Existenz des Roma-Volkes geleugnet werde;
- Ehen und Familien der Roma nicht anerkannt und auseinandergerissen würden (bei Abschiebungen etwa, wie in einem Kölner Fall);
- internationales Recht gebrochen werde, indem Roma verweigert wird, sich auf die Genfer Flüchtlingskonvention zu berufen;
- Roma-Flüchtlinge ohne Prüfung ihres Schicksals deportiert würden;
- in Asylverfahren kein Anrecht auf Anhörung in der Muttersprache Romanes gewährt werde.

7. Die Asylproblematik

438.191 Menschen beantragten 1992 Asyl in der Bundesrepublik. Ein Viertel von ihnen stammt aus Rumänien, fast ein Drittel flieht vor dem Bürgerkrieg in Jugoslawien. An die 100.000 dieser Flüchtlinge gehören zum Volk der Roma. Berichte über Bettelkinder und Diebstähle in der Umgebung von Asylbewerberheimen haben ein neues Klima des Hasses gegen Roma geschaffen. Daß rumänischen Roma Häuser und Hütten niedergebrannt werden, daß sie von Pogromen bedroht sind, erfährt die deutsche Bevölkerung selten.

Im Januar 1993 zeigte das Bundesamt für die Anerkennung ausländischer Flüchtlinge in Zirndorf sogar Verständnis für die Pogrome gegen Roma in Rumänien. In einer Asylentscheidung ist nachzulesen: »Angehörige der Volksgruppe der Roma genießen offiziell die gleichen Rechte wie andere Minderheiten in Rumänien, die keiner gezielten staatlichen Diskriminierung unterliegen. Dennoch kommt es in der Praxis immer wieder zu Übergriffen der Bevölkerung gegen Angehörige der Roma, auch ihre beruflichen Möglichkeiten unterliegen erheblichen Einschränkungen. Dies ist jedoch im Rahmen des Asylrechts ohne Bedeutung, da die Ursachen dieser Vorgänge anders einzuordnen sind. So wurde seit Jahrzehnten eine wie in demokratischen, pluralistischen Staaten übliche Auseinandersetzung mit Rassenhaß u.ä. in Rumänien wie auch in anderen kommunistisch orientierten Staaten gewaltsam unterdrückt. Daß sich unter diesen Umständen aus der Fremdartigkeit der Roma, ihrem konsequenten Festhalten an ›fremden‹ Traditionen eine intensive Ablehnung durch die Bevölkerung, verbunden mit erheblichen Vorurteilen, entwickelte, erscheint vor diesem historischen Hintergrund als normal. Gleichermaßen verständlich ist, daß sich solche Gefühle jetzt, da die gewaltsame Unterdrückung durch die kommunistische Regierung entfällt, gewaltsam Bahn brechen.« Dies alles ist also für eine Asylentscheidung unerheblich. Das deutsche Recht sieht die Gewährung von Asyl nur bei politischer Verfolgung vor. Allerdings hat auch die Bundesregierung die Genfer Flüchtlingskonvention unterzeichnet. Danach gilt als verfolgt, wem bei einer Rückkehr in sein Land Gefahr für Freiheit oder Leben, die Todesstrafe oder Folter drohen. Dazu gehören auch religiös und rassisch Verfolgte, wie es die Roma und Sinti sind. Dem deutschen Innenminister waren trotzdem die 100.000 rumänischen Asylbewerber 1992 zu viel. Er unterzeichnete mit Bukarest ein Rücknahmeabkommen. Rumänische Staatsbürger, die an deutschen Grenzen Schutz vor Verfolgung suchen, werden danach unmittelbar zurückgeschickt. Von Berlin-Schönefeld aus wurden im November 1992 deshalb 24, im Dezember 48, im Januar 1993 erneut 29 und im darauffolgenden Monat 66 Roma mit einer Chartermaschine ausgeflogen.

Der Vorsitzende des Roma National Congress (RNC) in Hamburg, Rudko Kawczynski, nennt diese Abschiebepraxis eine »moderne Form der ethnischen Säuberungen«. Der RNC berichtet außerdem im Jahr 1992 von 30 vermißten Personen an der deutsch-polnischen Grenze. Immer wieder würden Leichen von Ertrunkenen an die Ufer von Oder und Neiße gespült. Verantwortlich dafür macht der RNC polnische und deutsche Grenzschützer.

Außerdem klagt der RNC, daß die Verantwortung für die Pogrome und Brandanschläge auf Asylheime den Roma zugeschrieben werde, weil sich das Handeln der Politiker nicht primär gegen die Täter, sondern gegen die Roma richte: »Die Situation der Roma im wiedervereinigten Deutschland ist durch Deportationsabkommen, Ausweisungen, Nichtanerkennung als Volk und Diffamierung durch Politiker in einer dumpfen Zigeuner-Raus-Mentalität geprägt. Die Roma werden zur Zeit als Sündenböcke für eine gescheiterte Wiedervereinigungsmentalität mißbraucht.«

Der Roma-Vertreter Rudko Kawczynski faßt dies so zusammen: »Der Reichskristallnacht von Rostock folgen Deportationen in den Osten, eine Fortsetzung der nationalsozialistischen Politik mit anderen Mitteln.«

Ion Cioaba drohte 1992, er werde mehr als eine Million Roma nach Deutschland einschleusen, falls die Bundesrepublik nicht endlich Wiedergutmachung für den Holocaust an Sinti und Roma leiste. Einen Gefallen hat der selbsternannte »König der Roma« den in Deutschland lebenden Sinti und Roma damit nicht getan. Doch traf er den Kern: Entschädigungszahlungen haben die Sinti und Roma bisher nicht erhalten. Mehr noch: Diskriminierung und Verfolgung setzen sich fort.

8. Sinti und Roma in Europa

Um eine Anstellung zu erhalten, verleugnen Roma aus **Österreich** in Wien ihre Herkunft und geben sich oft als Jugoslawen aus. Männer, die eine »weiße« Frau gefunden haben, brechen den Kontakt zur Familie ab, um nicht als »Zigeuner« erkannt zu werden. Denn Vorurteile sitzen auf der einen Seite noch ebenso tief wie die Angst auf der anderen.

Auch die Nazis in Österreich wollten das Land »zigeunerfrei« machen. 11.000 Sinti und Roma starben in Konzentrationslagern. Von mehr als 7.000 deportierten Roma aus dem Burgenland kehrten gerade 700 in ihre Heimat zurück. Wie stets wurden sie an den Rand der Dörfer und Städte gedrängt. Rund 16.000 Roma und Sinti wohnen heute in Österreich. Sie lassen sich in drei Gruppen teilen: die Sinti am Stadtrand von Wien, Wiener Neustadt, Linz, Salzburg und Villach, die burgenländischen Roma und eine Gruppe von Lovara, die in Wien überwiegend als Teppichhändler leben. Hinzu kommt eine Gruppe unter jugoslawischen Gastarbeitern, die sich meist als Jugoslawen ausgewiesen haben. Diese Gruppen verständigen sich untereinander auf deutsch, weil sich beträchtliche sprachliche Unterschiede zwischen ihnen zeigen.

Noch immer haben die Sinti und Roma meist keine abgeschlossene Schul- oder gar Berufsausbildung. Roma-Kinder, die selten ausreichend deutsch sprechen, werden gern in Sonderschulen abgeschoben. Zum ersten Mal besuchte ein Rom in den siebziger Jahren im Burgenland die 5. Hauptschulklasse. Der Großteil der Roma und Sinti lebt deshalb auch heute noch mit sehr geringen Einkünften.

Kinderraub gehörte in der **Schweiz** bis 1973 zum »Zigeuner«-Alltag. Nicht jedoch die »Zigeuner«, sondern eine Organisation namens »Pro Juventute« entführte mehr als 40 Jahre lang insgesamt 700 Kinder von der Landstraße. Die Eltern, so erfuhr Tilman Zülch von der »Gesellschaft für bedrohte Völker«, wußten nichts vom Verbleib ihrer Söhne und Töchter. Diesen wiederum erklärte man oft, die Eltern seien tot oder hätten sie verstoßen. Das Programm wurde mit Mitteln des Bundes finanziert, nach Presseberichten 1973 endlich eingestellt. Ein Verfahren gab es nicht.

Ein Minderheitenproblem, so glaubt der französische Botschafter in Rom, gibt es in **Frankreich** nicht. Den Autoren eines Berichts über sprachliche Minderheiten in der Europäischen Gemeinschaft (EG) erklärte er, warum: Schließlich spreche doch die gesamte französische Bevölkerung französisch.

Die knapp 300.000 Roma in Frankreich – die meisten bezeichnen sich als »manouches«, es gibt aber auch Kale und Jenische – sind anderer Meinung. Insbesondere die 60 Prozent der »Gitans« und »Tsiganes« fühlen sich nach wie vor diskriminiert. Fahrende haben einen Fahrausweis (carte de circulation) mit sich zu führen, den sie alle drei Monate von ihrer Stammgemeinde abstempeln lassen müssen. Ihre Wagen tragen eine Plakette mit der Aufschrift »SDF« (ohne festen Wohnsitz). Wegen fehlender Wohnwagen-Stellplätze können ihre Kinder nicht zur Schule gehen, woraus auch der Verlust des Kindergeldes resultiert. Wählen dürfen Gitans und Tsiganes erst, wenn sie mindestens drei Jahre bei einer Gemeinde gemeldet sind, für die übrige Bevölkerung gilt sechs Monate. Die Maßnahmen sollen die Fahrenden dazu bewegen, seßhaft zu werden.

Roma sind seit 1419 in Frankreich erwähnt. Louis XII. verurteilte sie Anfang 1504 als »bohémiens« und wollte sie aus dem Staatsgebiet verbannen. Auf die Galeerenstrafe folgte im 17. und 18. Jahrhundert das Aussetzen in den Kolonien, danach die Zwangseinweisung in die Armenhäuser, aus denen die aufkommende Industrie Arbeitskräfte rekrutierte. Im 19. Jahrhundert kamen Roma aus Osteuropa nach Frankreich, in den sechziger Jahren des 20. Jahrhunderts viele aus Jugoslawien. Der Bürgermeister von Hoerdt wurde durch die Anwesenheit von Roma im März 1974 offenbar so gestört, daß er eine Hütte, die auf kommunalem Boden stand, mit dem Bulldozer niederwalzen ließ. Er machte damit eine Familie mit zehn Kindern obdachlos. Dieses Vorgehen erinnert auch an

Rosysous-bois, wo 1967 Bulldozer und bewaffnete Gendarmen die Hütten von 4.000 Roma niederrissen.

Im Hinterzimmer eines Wirtshauses in Kent wurde 1966 der erste »Gypsy Council« gegründet. An der Eingangstür hing ein Schild mit der Aufschrift: »Fahrende werden bei uns nicht bedient.« Noch heute wird in **Großbritannien** gelegentlich Fahrenden der Zutritt zu Bars, Geschäften oder Waschsalons verwehrt.

Erstmals erwähnen Urkunden die Anwesenheit der eingewanderten Roma 1505 in Schottland. Aus England existiert erst zehn Jahre später ein Bericht über eine Wahrsagerin. Schon 1530 befahl König Heinrich VIII. den »Ägyptern«, binnen 16 Tagen das Land zu verlassen. Etwa 100 Roma, die dieser Anordnung nicht nachkamen, bezahlten für ihre Weigerung mit dem Leben. Später wurden Roma gewaltsam in die englischen Kolonien verschleppt, von dort schickte man sie im 19. Jahrhundert wieder aufs europäische Festland zurück.

Mit dem »Caravan Sites Act« von 1968 sollte es den »Gypsies« verboten werden, Wohnwagen an Straßen und auf ungenutztem Land abzustellen. Weil noch immer nicht genügend Stellplätze zur Verfügung stehen, können Roma und Sinti heute in weiten Bereichen von England und Wales nicht mehr reisen. Die Unterhaltsmöglichkeiten sind dadurch beschnitten. Deshalb werden immer mehr Roma von der Fürsorge abhängig. Nur 30 Prozent der Kinder von Roma und Sinti besuchen eine Schule. Von den rund 90.000 Fahrenden, zu zwei Dritteln Romanichal, leben heute 62.000 in England, 9.000 in Wales, 17.000 in Schottland und 2.000 in Nordirland. 40.000 leben im Zelt oder Wohnwagen, alle anderen in festen Häusern. Nur wenige beherrschen noch Romanes. Die Romanichal sprechen »pogadi Chib«, eine Mischung aus Romanes und Englisch. Ähnlich verhält es sich in Schottland und Irland, wo die Landessprache die Roma-Sprache durchdrungen hat. Entstanden sind »Cant« und »Gammon«.

»Die Zahl der inhaftierten Zigeuner steigt auf alarmierende Weise«, schreibt die Leiterin des »Centro Studi Zingari« in Rom, Mirella Karpati, in »pogrom«, der Zeitschrift für bedrohte Völker. Insbesondere jugendliche Roma würden in **Italien** von kriminellen Organisationen aufgesogen, kleineren Diebstählen folgten Raubüberfälle, Menschenraub, Prostitution und Drogen. Nur 20 Prozent der Roma, das ergab eine Erhebung im Jahr 1985, gehen zur Schule. Die Arbeitslosigkeit nimmt auch unter den Männern zu. Karpati: »Sozialunterstützung und Bettelei gewinnen an Bedeutung.« Bei der italienischen Volkszählung 1981 führte das »Zentrale Statistische Institut« die »Zingari« unter der Rubrik »Gefängnisinsassen und Bettler«.

Zwar stellen einige Städte und Gemeinden Baracken in Wohnsiedlungen bereit, für nomadisierende Sinti aber gibt es noch immer zu wenig mit sanitären Einrichtungen ausgestattete Stellplätze. 60 bis 70.000 Sinti und Roma leben in Italien. Mehr als die Hälfte, insbesondere im Süden, ist seßhaft geworden. Für ihre Kinder wurden Ende der siebziger Jahre Auffangklassen in einigen Schulen – etwa in Pescara – eingerichtet, aus denen sie in reguläre Klassen überführt werden sollen.

Ihre Geschichte unterscheidet sich in nichts von derjenigen der Roma in anderen europäischen Ländern. Die französischen Herren Mailands verbannten die Roma 1506 aus Angst vor der Pest, 1693 erlaubten die nun spanischen Herren per Dekret sogar, einen Roma ohne Strafe zu töten und ihm seinen Besitz zu nehmen.

Die Roma arbeiteten vor allem als Züchter von Pferden, Eseln und Maultieren, die Sinti als Händler und Schausteller. Ein »Zingaro« gilt noch heute als Experte für Metallbearbeitung.

»Gitanos« (Kale) in **Spanien** sind noch immer rechtlose Menschen. 500.000 Roma leben in Elendsquartieren am Rande der Städte, haben kein Wahlrecht und keinen

Anspruch auf Sozialhilfe. Sie gelten als Gewohnheitsdiebe; Übergriffe der »guardia civil«, der spanischen Polizei, sind nicht selten. Erste Schulprojekte sollen nun helfen, die Analphabetenquote von 80 Prozent zu senken.

»Tattare« und andere Fahrende genießen in **Schweden** vergleichsweise großen Schutz. 1974 wurde ein Restaurantinhaber verurteilt, der sich geweigert hatte, eine »Zigeunerin« in ihrer traditionellen Kleidung zu bedienen. Seit 1979 gibt es Schulen, in denen Romanes gesprochen wird.

Die Roma Osteuropas – Schätzungen sprechen von sieben bis zwölf Millionen – hofften nach dem Niedergang des Sozialismus auf bessere Zeiten und mehr Rechte. Zwar durften sie Vereine und politische Parteien gründen, zwar sitzen einige ihrer Vertreter in Parlamenten, ihre Lage aber hat sich inmitten von Nationalitätenkonflikten und Wirtschaftskrisen eher verschlechtert. Genau 229.896 Menschen gaben in **Rumänien** beim Zensus 1977 an, »Tigani« zu sein. 1992 bekannten sich 409.000 zu ihrer Herkunft. Vor dem Zweiten Weltkrieg waren es eine Million. Schätzungen geben diese Zahl auch für die achtziger Jahre an, andere nennen heute sogar zwei Millionen. Warum sie ihre Identität verleugneten, wurde nach dem Sturz von Nicolae Ceaucescu deutlich: Der Rassismus gegen Roma, der sich unter Ceaucescu in dem Versuch geäußert hatte, die Kultur der Roma zu zerstören und sie zwangsweise seßhaft zu machen, ist seither in der Bevölkerung wieder offen ausgebrochen. Die neofaschistische Partei »Vatra Romanesca« (Groß-Rumänien) will einen ethnokratischen Staat schaffen und Roma darin zu Zwangsarbeit verpflichten. Im Fernsehen warnt der Journalist Paul Everac vor einer »Verunreinigung der Nation durch Minderheiten«, der »übermäßige Fortpflanzungstrieb der Zigeuner« müsse verhindert werden. Die Zeitschrift »Renesterea Banateana« forderte deutlich: »Man muß mit den Zigeunern dasselbe machen, was Antonescu mit ihnen gemacht hat.« Der Verbündete Hitlers hatte deren »Ausmerzung« angeordnet.

In der Tat kommt es immer wieder zu Pogromen. Ganze Roma-Siedlungen werden in Brand gesteckt, etwa einige der erschreckensten Beispiele fanden statt:

- in Turu Lung, wo Einwohner am 10. Januar 1990 36 Häuser zerstörten und ein dreijähriges Mädchen in den Flammen verbrannte. Keiner der Täter wurde festgenommen,
- in Bukarest (März und Juni 1990), wo man Roma-Frauen vergewaltigte. Im Juli 1992 überfielen dort Militärpolizisten Roma-Häuser und schlugen mehrere Bewohner zusammen,
- in Cuza Voda, wo im Juli 1990 50 Roma-Familien, die dort in den fünfziger Jahren zwangsangesiedelt worden waren, verjagt und ihre Zelte und Wagen zerstört wurden,
- in Casinul Mare im Landkreis Harghita, wo im August 1990 eine Menschenmenge 29 Roma-Häuser zerstörte. Der örtliche Staatsanwalt entschied zunächst auf »berechtigte Notwehr«. Die Ermittlungen sind inzwischen wieder aufgenommen worden.
- in Mihail Kogalniceanu, wo am 9. Oktober 1990 die Kirchenglocken zum Angriff auf die Roma läuteten. Polizei und Bürgermeister bildeten die Spitze des Zuges. Mehr als 40 Häuser wurden zerstört. Der Vorwurf: Diebstahl durch Roma,
- in Valenii Lapusului, wo im August 1991 250 Dorfbewohner 25 Roma-Häuser verbrannten und die Bewohner tätlich angriffen,
- in Tirgu Neamt, wo man im August 1992 Geschäfte der Roma plünderte und ihnen die Ausübung ihres Gewerbes untersagte,
- und schließlich am 23. November 1992 in Romanesti, wo die Polizei nach einem Kneipenstreit zwei Roma in ihrer Wohnung erschoß.

Das Entstehen dieser Pogrome ist immer ähnlich: Auslöser sind Spannungen zwischen Rumänen und den Roma, eine Schlägerei in einem Wirtshaus, manchmal auch ein Mord. Verantwortlich gemacht werden für die Tat eines einzelnen, sei er nun eines Verbrechens schuldig oder nicht, alle Roma. Die Lynchjustiz der Bevölkerung wird außerdem oft unterstützt von lokalen Politikern und der Kirche. Die Polizei rückt meist erst an, wenn alles vorbei ist.

Das Image der Roma verbessert auch nicht, wenn sich Ion Cioaba zum »König der Roma und Kesselflicker« krönen läßt. Auch ändert sich nichts an den Vorurteilen von den »stehlenden Zigeunern«, wenn die Bukarester Polizei den Roma eine geringe Kriminalitätsrate bescheinigt. Sie begehen acht Prozent der Straftaten, bei einem Bevölkerungsanteil von zehn Prozent.

Hinzu kommen zu den Pogromen wie überall schlechte Ausbildungsmöglichkeiten für Roma. Sie sind auch die ersten, die entlassen werden, und die letzten, die Arbeit finden. Oft sind sie Saisonarbeiter. Taschendiebstahl und Diebereien erscheinen so als die natürlichen Auswirkungen der Arbeitsbedingungen – aber nicht als die Regel.

Eine Flüchtlingswelle ist die Folge der aktuellen Verfolgung in Rumänien, die die Bundesrepublik am deutlichsten spürt: Mehr als 100.000 Flüchtlinge aus Rumänien zählte das Bundesamt für die Anerkennung ausländischer Flüchtlinge 1992. Die meisten waren Roma. Wirtschaftliche Gründe spielen natürlich ebenfalls eine Rolle, muß den meist armen Roma die Bundesrepublik doch wie ein Paradies erscheinen. Aber: Ob ihnen das Haus abgebrannt wurde, ob sie Angst vor dieser Gewalt haben oder ob sie aus Armut nach Deutschland kommen – ihre Asylanträge werden kaum Erfolg haben.

Unzählige Roma im späteren **Jugoslawien** zählten während des Zweiten Weltkriegs zu den Partisaneneinheiten gegen die Faschisten. 120.000 kamen in den Ustascha-Lagern Kroatiens ums Leben. Die Sozialistische Föderative Republik Jugoslawien dankte ihnen ihren Einsatz schlecht: Das Gesetz anerkannte sie weder als Volk noch als ethnische Gruppe, Vorurteile blieben in der Bevölkerung fest verwurzelt. Schätzungen sprechen heute von knapp einer Million bis zu zwei Millionen Roma, die häufig in sogenannten Mahalas leben, eine Art Ghettos, wie sie in Belgrad, Nis und Pirot zu finden sind. Das schlimmste existiert am Stadtrand von Skopje und heißt Shutka. 40.000 Menschen leben hier in Pappkartons und Wellblechhütten, ohne fließendes Wasser und Strom, ohne Kanalisation und medizinische Versorgung. Jedes zweite Neugeborene stirbt. Trotzdem will die SPD-Regierung in Nordrhein-Westfalen ausgerechnet dorthin abgewiesene Roma zurückschicken lassen, das Programm wird »Romahilfe« genannt.

Im Bürgerkrieg scheinen die jugoslawischen Roma zwischen allen Stühlen zu sitzen. Menschenrechtsorganisationen berichten von »Zigeuner«-Bataillonen, die an vorderster Front als Kanonenfutter herhalten. In Mazedonien sollen bei Volkszählungen Roma gezwungen worden sein, sich als Albaner auszugeben; andere mußten bei den Parlamentswahlen gegen ihren Willen pro Serbien abstimmen. In Slowenien wurden die Wahllokale in Romasiedlungen oft gar nicht erst geöffnet. Immer wieder werden Roma auf offener Straße getötet. In Pristina, Hauptstadt der Provinz Kosovo, schlugen Einheimische eine Frau nieder, tränkten ihre Haare mit Benzin und zündeten sie an. Niemand versuchte, der Romani zu helfen.

Noch immer existieren in der **Tschechischen Republik** und in der **Slowakei** große »Zigeunerkolonien«. Dort leben die meisten der 500.000 Roma, etwa 100.000 davon in Böhmen und Mähren, wo ihre wirtschaftliche Situation etwas besser ist. Auch in der ehemaligen Tschechoslowakei gab es eine lange Geschichte der Diskriminierung.

Noch im 18. Jahrhundert durften Roma straffrei erschossen oder verjagt werden. Maria Theresia nahm den Familien die Kinder, um sie in Pflegefamilien zu geben. Romanes als Sprache wurde verboten. Seit 1945 besitzen Roma die tschechoslowakische Staatsangehörigkeit. Die Anerkennung als nationale Minderheit blieb ihnen aber versagt. Bis vor wenigen Jahren, so die »Internationale Helsinki Föderation« in einem Bericht, wurden in der sozialistischen ÇSSR Roma-Frauen zwangsweise sterilisiert. Nach dem Gesetz von 1966 mußten Frauen 35 Jahre alt sein und drei Kinder haben, um sich sterilisieren lassen zu können. Der Staat bezahlte eine Prämie von 25.000 Kronen, fast ein durchschnittliches Jahresgehalt. Für Roma-Frauen ein verlockendes Angebot. Die Roma-Partei sprach nicht nur deshalb von »versuchtem Völkermord im Kreißsaal«. Denn nicht immer hielten sich die Gynäkologen an die Vorschriften. Es wurde auch ohne die Einwilligung der Frau sterilisiert. Die Staatsanwaltschaft erstattete gegen ein Dutzend Ärzte Strafanzeige. Seit dem Ende des Sozialismus überfallen in der Slowakei rechtsextremistische Skinheads die Wohngebiete der Roma. Übergriffe, so der Roma-Parlamentarier Emil Scuka, seien »an der Tagesordnung«. Er umschreibt die Situation der Roma im »Spiegel« so: »Die Tschechen können die Slowaken nicht leiden, die Mähren die Slowaken nicht und die nicht die Tschechen. Sie haben nur eines gemeinsam: Alle hassen die Zigeuner.«

80 Prozent der Sonderschüler in der Tschechischen Republik und der Slowakei sind Roma. Noch immer mißtrauen die Roma der Institution Schule. Schlechte Ausbildung führt jedoch dazu, daß sie in weniger attraktiven Berufen zu finden sind: etwa auf dem Bau, in Gaststätten oder als Fahrer.

Die Landreform in **Ungarn** brachte den Zigeunern nichts. Keine einzige Familie der ehemaligen Tagelöhner erhielt Land zugewiesen. Weil auch andere traditionelle

Bereiche der industriellen Produktion zum Opfer fielen, lebt heute ein großer Teil der 800.000 ungarischen Roma unter dem staatlich festgesetzten Existenzminimum. Tausende von ihnen wohnen am Stadtrand von Budapest in Wohnungen ohne fließendes Wasser und Strom. Rund 10.000 verdienen ihr Brot noch als Musiker.

Obwohl die Roma mit vier Prozent Anteil an der Bevölkerung die größte Minderheit darstellen, erhielten sie keinen Listenplatz auf der Landesliste, die ein politisches Mandat zusichert und auf der alle anderen Volksgruppen einen Platz zugeteilt bekamen.

Eine Diskriminierung durch Gesetze gibt es in Ungarn zwar nicht. Zur Bekämpfung der »Zigeunerkriminalität« – laut »Spiegel« kontrollieren die Roma mit Arabern den Schwarzgeldmarkt, die Polizei macht sie für 80 Prozent der Einbrüche und 95 Prozent der Taschendiebstähle verantwortlich, Romani gehen der Prostitution nach – hat die Polizei aber eine spezielle Einsatzgruppe geschaffen, die häufig Razzien in den Stadtvierteln der Roma veranstaltet.

In **Griechenland** wird den 50.000 muslimischen »Zigeunern« noch immer die Staatsbürgerschaft vorenthalten. Die orthodoxe Kirche möchte sie auf diese Weise zur Taufe zwingen. Das Umherziehen wird erschwert, weil die Roma nur auf organisierten Campingplätzen wohnen dürfen, allerdings nicht auf denen für Touristen. Für seßhafte Roma wurden dagegen etliche Siedlungen gebaut und in Athen kommunale Wohnungen zur Verfügung gestellt.

Auch im sozialistischen **Bulgarien** sollten islamische Roma gezwungen werden, bulgarische Namen anzunehmen. Eine halbe Million Roma in der **Türkei** – überwiegend Analphabeten – dürfen öffentlich nicht Romanes sprechen. Die meisten leben in den großen Slums der Städte, etwa in Cincinkaya bei Ankara.

Gegen Anti-Zigeunergesetze sprach sich in einigen

Regionen **Polens** im 18. Jahrhundert der Adel aus. Gelobt wurden »gute nachbarschaftliche Beziehungen« und »der Nutzen ihrer Arbeit«. Heute leben in Polen 20 bis 50.000 Roma. Genaue Zahlen existieren allerdings nicht. Einige 1.000 Roma wanderten in die Bundesrepublik, nach Holland und Schweden, als zwischen 1979 und 1981 Paß- und Visumsfreiheit galt. Sie folgten damit den wenigen Überlebenden Sinti, die nach dem Zweiten Weltkrieg nach Westdeutschland wechselten. Die sozialistische Regierung Polens versuchte, die Roma seßhaft zu machen. Es gelang nur bei etwa einem Viertel, weil sich die Roma ihre ethnische und kulturelle Identität nicht nehmen lassen wollten. Roma gehören auch in Polen zu den sozial Schwachen. Es kommt zu Hetzjagden gegen sie, weil sie für die schlechte wirtschaftliche Situation in den achtziger Jahren verantwortlich gemacht werden. In Mlawa, 100 Kilometer nördlich von Warschau gelegen, stürmten 100 meist junge Leute im Juni 1991 eine Roma-Siedlung. Wie in Rostock schauten Tausende der Einheimischen zu und klatschten sogar Beifall. Es gab Verletzte und einen Sachschaden von gut einer Million Mark. Hintergrund: Ein Rom hatte an einem Zebrastreifen ein junges Paar angefahren und war geflüchtet. Die Roma lieferten den Schuldigen an die Behörden aus. Doch dann machte von einer Kneipe ausgehend das Gerücht die Runde, der Rom habe sich freikaufen können, das Paar sei gestorben.

9. Sinti und Roma: Auf dem Weg zur Einheit?

Seit den achtziger Jahren versuchen Sinti und Roma verstärkt, sich zu organisieren. In einigen Fragen herrscht allerdings unter den Verbänden Uneinigkeit, etwa in der Frage des Reintegrationsprogramms, mit dem die nordrhein-westfälische Landesregierung Roma nach Skopje zurückführen wollte. Der »Zentralrat Deutscher Sinti und Roma« unterstützte das Programm, wohingegen die

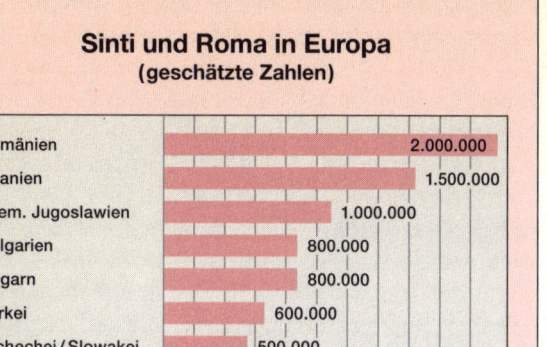

Sinti und Roma in Europa
(geschätzte Zahlen)

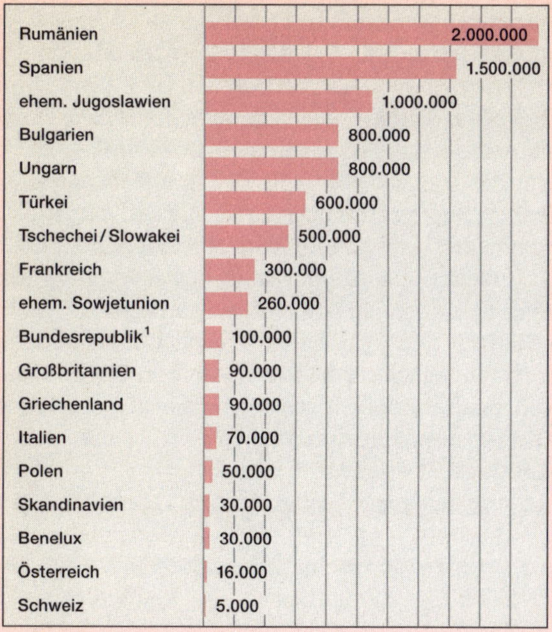

Rumänien	2.000.000
Spanien	1.500.000
ehem. Jugoslawien	1.000.000
Bulgarien	800.000
Ungarn	800.000
Türkei	600.000
Tschechei / Slowakei	500.000
Frankreich	300.000
ehem. Sowjetunion	260.000
Bundesrepublik[1]	100.000
Großbritannien	90.000
Griechenland	90.000
Italien	70.000
Polen	50.000
Skandinavien	30.000
Benelux	30.000
Österreich	16.000
Schweiz	5.000

[1] überwiegend Sinti, ohne Flüchtlinge

Hamburger »Rom und Cinti Union« ein Bleiberecht für heimatlose und verfolgte Roma forderte. Generell kann gesagt werden, daß sich Sinti-Verbände vor allem den Interessen der Sinti und Roma mit deutscher Staatsangehörigkeit widmen, Roma-Verbände dagegen stärker in europäischen Kategorien denken.

Trotz unterschiedlicher Meinungen und Interessen versuchen die Roma-Organisationen als Bürgerrechtsbewegung und Interessenverband, die bestehenden Gegensätze zu überwinden. Gemeinsames Ziel ist es, Bürgerrechte für

Sinti und Roma durchzusetzen. Wiedergutmachung für Schäden aus der Nazizeit, alltäglich auftretender Rassismus in Politik, Medien und unter der Bevölkerung sowie das Bleiberecht für Flüchtlinge sind die Schwerpunkte ihrer Arbeit.

Europaweit hat sich 1990 bei einem Treffen von Vertretern aus 13 überwiegend osteuropäischen Ländern »Eurom« konstituiert. Die Vereinigung beteiligte sich im Mai 1992 als nicht-regierende Organisation am KSZE-Treffen in Helsinki. Sie will sich dafür einsetzen, daß Vertreter der Roma in allen nationalen und internationalen Parlamenten sitzen. »Gadschikane Organisationen« und Vereine sollen aufgelöst werden, sofern in ihren Gremien legitimierte Roma nicht angemessen repräsentiert sind. Ob sich aus »Eurom« ein wirksamer Interessenverband bilden wird, muß sich erst zeigen. Noch bestehen die angesprochenen Differenzen auch unter den Verbänden unterschiedlicher Länder.

10. Europäische Bemühungen

Die Bundesrepublik enthielt sich 1992 als einziges Land der Europäischen Gemeinschaft (EG) der Stimme, als die UN-Menschenrechtskommission über die Resolution »Zum Schutz der Roma« abstimmte. Die Resolution wendet sich gegen alle Formen der Diskriminierung und weist auf den zunehmenden Rassismus gegen Roma hin. Ziel der Resolution war es, den Roma ein Anrecht auf einen Flüchtlingsstatus zu verschaffen. Der Vertreter der Bundesrepublik begründete sein Abstimmungsverhalten damit, daß eine Privilegierung der Roma gegenüber anderen Minderheiten nicht möglich sei. Er berief sich auf »letzte Weisungen aus Bonn«.

Auf eine kleine Anfrage der Abgeordneten Ulla Jelpke (PDS) antwortete die Bundesregierung, das Gebot, Minderheiten nicht zu diskriminieren, gelte in der Bundesrepublik ohnehin und damit auch für Roma. Roma würden zudem in der Bundesrepublik nicht als Minderheit angesehen. Außerdem beantworte die Resolution die Frage über den Verbleib von Personen, die sich illegal im Land aufhalten, nicht ausreichend.

Seit den sechziger Jahren beschäftigen sich die europäischen Gremien mit den Roma. 1969 empfahl der Europarat in einem Bericht »Zur Lage der Zigeuner in Europa« seinen Mitgliedstaaten Programme zur Verbesserung der Situation heimatloser und nomadisierender Roma. Insbesondere fordert der Rat Maßnahmen zur Bildung und Qualifizierung sowie berufliche Perspektiven; außerdem verlangt er mit sanitären Anlagen ausgestattete Wohnwagenplätze in der Nähe von Schulen, Dörfern und Städten.

1993 verwies der Europarat in einer Empfehlung noch einmal auf die UN-Flüchtlingskonvention, nach der Opfern von Pogromen oder Menschen, die fürchten, Opfer solcher Pogrome zu werden, der Status Flüchtling eingeräumt wird. In der Bundesrepublik hat bisher allerdings weder ein jugoslawischer noch ein rumänischer Rom diesen Status zuerkannt bekommen.

V. Ausblick

Mit einem eindringlichen Brief hat sich der Vorsitzende des Zentralrats Deutscher Sinti und Roma, Romani Rose, im September 1992 an Helmut Kohl gewandt. Der Kanzler solle sich endlich der »öffentlichen Verteufelung« der Asylsuchenden aus Rumänien widersetzen. Der Wortlaut:

»Sehr geehrter Herr Bundeskanzler,

ich bitte Sie mit aller Eindringlichkeit, entsprechend Ihrem Verfassungseid für Frieden in der Bevölkerung zu sorgen und sich deshalb gegen die öffentliche Verteufelung der rumänischen Flüchtlinge im Zusammenhang mit den Gewaltüberfällen in Rostock, Cottbus, Dresden, Leipzig, Augsburg und anderen Städten zu wenden. Diese Verteufelung wirkt sich auch auf das Zusammenleben der 70.000 deutschen Sinti und Roma mit der Mehrheitsbevölkerung in der Bundesrepublik aus.

Am vergangenen Freitag erklärten Politiker im Schweriner Landtag ihr »Verständnis« für die seit 1945 nicht mehr dagewesene Menschenverachtung, Gewalt und Brandstiftung. Mit Pauschal-Diffamierungen bezeichneten sie die rumänischen Asylbewerber als »kriminelle Zigeuner, die in Rostock auf der Wiese kampiert und das Umfeld verunreinigt« hätten. Damit wollten sie den rechtsradikalen Mob in absurder Weise rechtfertigen und lassen so einen Flächenbrand von Pogromen entstehen.

In unserem Rechtsstaat hat jeder in- oder ausländische Bürger sein Verhalten selbst zu verantworten und dieses Verhalten ist in keiner Weise mit der »rassischen«, ethnischen oder religiösen Gruppe, der der Bürger eventuell angehört, in Verbindung zu bringen – auch nicht in der Öffentlichkeit.

Der Nationalsozialismus stellte schon zu Beginn der

dreißiger Jahre die Juden und »Zigeuner« als verantwortlich für Arbeitslosigkeit, Kriminalität und anderes öffentlich hin. Nach diesen Erfahrungen ist es Ihre Verpflichtung als Staatsmann, erkennbar für Schutz und Sicherheit
der Betroffenen zu sorgen. Lassen Sie es nicht zu, daß
Sinti und Roma zu »Sündenböcken« gemacht werden für
die ungelösten sozialen Probleme in den neuen Bundes-
ländern, für Wohnungsnot, Arbeitslosigkeit und die Fir-
menschließungen durch die Treuhandanstalt. Die historische Verantwortung der Bundesregierung darf nach dem
nationalsozialistischen Völkermord an den Sinti und Roma ebensowenig ausgeblendet werden wie gegenüber den
Juden. Es ist beängstigend, wie Politiker mit einer unver-
antwortlichen Asyldiskussion von den real existierenden,
unterschiedlichen sozialen Problemen ablenken und vor-
handene Aggressionen in Teilen der Bevölkerung gezielt
auf stigmatisierte Minderheiten richten. Die Konsequenz
aus dem »Dritten Reich« verpflichtet die Regierung,
uns vor Diskriminierung und Gewalt in Deutschland zu
schützen.

Mit freundlichen Grüßen
Ihr Romani Rose«

In einem Memorandum fordert der Zentralrat die Aufnahme von Minderheiten- und Volksgruppenrechten in die
Verfassung. Ähnlich wie den Dänen und Friesen in
Schleswig-Holstein oder den Sorben in Brandenburg und
Sachsen sollen Lebensweise und kulturelle Eigenständigkeit der Roma und Sinti gesichert, ihnen aber auch politische Mitwirkungsmöglichkeiten gewährleistet werden.
Ferner verlangt der Rat, einen »Beauftragten des Bundes-
tages für die Minderheiten« einzusetzen.

Die »Gesellschaft für bedrohte Völker« richtet ihr Au-
genmerk außerdem auf die Beseitigung der menschenun-
würdigen Unterbringung vieler Sinti und Roma in der
Bundesrepublik. Barackenunterkünfte und Ghettos müß-

ten beseitigt, die Ausbildungschancen verbessert werden. Die seit Generationen in der Bundesrepublik lebenden Sinti und Roma seien, sofern dies noch nicht geschehen, sofort einzubürgern.

Das Auseinanderbrechen der traditionellen Großfamilien von Sinti und Roma, hervorgerufen durch Tendenzen unter den Jugendlichen, sich an die von Medien und Konsum geprägte Kultur im Westen Europas anzupassen, bedeutet auch den Verlust eigener Identität und Kultur. Teile der jüngeren Generation negieren die Traditionen, vernachlässigen die Sprache und legen weniger Wert auf die Geschlossenheit und Solidarität innerhalb der Gruppe. Die übliche Sippe zerfällt. Wie geht es weiter? Anpassung oder kulturelle Eigenständigkeit?

Miriam Wiegele beschreibt bei Tilman Zülch die Zukunft der Sinti und Roma: »Es gibt für die Zukunft eigentlich nur zwei Möglichkeiten: entweder völlige Assimilation der Roma – dies würde bedeuten, daß ihre Sprache und Kultur völlig verschwinden. Diese Möglichkeit, die von vielen jungen Zigeunern angestrebt wird, ginge allein auf Kosten der Roma. Die zweite Möglichkeit wäre eine Integration, die auf einem gegenseitigen Akzeptieren beruhen müßte und nicht dazu führen würde, daß die Roma ihre eigene Lebensweise aufgeben. Im Moment scheint sich der erste Weg durchzusetzen.«

Weiterführende Literatur

Feuerhelm, Wolfgang: Polizei und Zigeuner. Stuttgart 1987.

Fienbork, Gundula u.a. (Hg.): Die Roma – Hoffen auf ein Leben ohne Angst. Roma aus Osteuropa berichten. Reinbek 1992.

Geigges, Anita / Wette, Bernhard: Zigeuner heute. Verfolgung und Diskriminierung in der BRD. Bornheim-Merten 1979.

Gesellschaft für bedrohte Völker (Hg.), Reihe Pogrom: Sinti und Roma im ehemaligen KZ Bergen-Belsen am 27. Oktober 1979.

Gronemeyer, Reimer / Rakelmann, Georgia: Die Zigeuner. Reisende in Europa. Köln 1988.

Hohmann, Joachim S.: Verfolgte ohne Heimat. Geschichte der Zigeuner in Deutschland. Frankfurt 1990.

ders.: Robert Ritter und die Erben der Kriminalbiologie. Frankfurt 1991.

ders.: Geschichte der Zigeunerverfolgung in Deutschland. Frankfurt 1988.

Institut für Auslandsbeziehungen (Hg.): Zeitschrift für Kulturaustausch: Sinti und Roma – Ein Volk auf dem Weg zu sich selbst. Stuttgart 1981.

Kenrick, Donald / Puxon, Grattan: Sinti und Roma. Die Vernichtung eines Volkes im NS-Staat. Göttingen 1981.

Martins-Heuß, Kirsten: Zur mythischen Figur des Zigeuners in der deutschen Zigeunerforschung. Frankfurt 1983.

Matras, Yaron: Roma und Cinti in Hamburg, herausgegeben vom Ausländerbeauftragten des Senats der Freien und Hansestadt Hamburg. Hamburg 1992.

Rinser, Luise: Wer wirft den Stein? Zigeunersein in Deutschland. Stuttgart 1985.

Roma National Congress: Situation der Roma in Europa und Deutschland seit der Wiedervereinigung. Hamburg 1993.

Romani, Rose: Bürgerrechte für Sinti und Roma. Heidelberg 1987.

Sarosi, Balint: Zigeunermusik. Zürich/Freiburg 1977.

Strauß, Daniel: Die Sinti/Roma-Erzählkunst im Kontext Europäischer Märchenkultur – Berichte und Ergebnisse einer Tagung. Heidelberg 1992.

Vossen, Rüdiger: Zigeuner. Roma, Sinti, Gypsies. Zwischen Verfolgung und Romantisierung. Frankfurt 1983.

Zimmermann, Michael: Verfolgt, vertrieben, vernichtet. Die nationalsozialistische Vernichtungspolitik gegen Sinti und Roma. Essen 1989.

Zülch, Tilman (Hg.): In Auschwitz vergast, bis heute verfolgt. Reinbek 1979.

Literatur von Roma

Franz, Philomena: Zwischen Liebe und Haß. Ein Zigeunerleben. Freiburg 1985.

Krausnik, Michail: »Da wollten wir frei sein…«. Eine Sinti-Familie erzählt. Weinheim und Basel 1983.

Stichwortregister

Verzeichnis der Grafiken und Tabellen

HEYNE BÜCHER

Stichwort

Die neue Informationsreihe im Heyne Taschenbuch vermittelt Wissen in kompakter Form. Anschaulich und übersichtlich, kompetent, verständlich und vollständig bietet sie den schnellen Zugriff zu den aktuellen Themen des Zeitgeschehens.

Wilhelm Heyne Verlag
München